「見積る」「測る」将来会計の実務

ZECOOパートナーズ㈱ 編
岩田悦之・平井裕久 著

同文舘出版

はしがき

　株価・企業価値の評価，減損などの会計処理において，「見積り」や「測定」といった将来の会計を取り扱った話題が増えています。例えば，東芝の不正会計問題では，インフラ工事原価の過小見積りや原子力発電事業の減損損失の問題など，まさにこの「会計上の見積り」がクローズアップされました。また，少し前に起きたオリンパスの不正会計事件では，結果として第三者による企業価値評価が投資家や株主からの信頼を著しく損なうこととなりました。本書は，そうした問題や実務上の対応における考え方の整理を目的とした本です。

　AI・ディープラーニングやビッグデータ解析などの情報技術によって，将来の会計情報の質は加速度的な向上が期待されます。事業は不連続であり，将来の数字は流動的なもので，予測技術の向上にあまり意味を見出さないという立場を取る方もいらっしゃいます。しかし事業投資などの局面では必ず，採算のために将来の会計数値による「期待値」計算（DCF法）が必要です。また，上述の不正会計の事例などからも，「価値」を計数的に評価することが，昨今の企業経営のために必要不可欠な思考であり，またツールであるということが言えるでしょう。

　本書は，将来の会計をテーマにしたセミナーや，M&A・事業再生などにおける財務調査・価値評価，株式の買取訴訟などの裁判対応実務をしている中で，その問題認識や対応事項について多くの方々になるべくわかりやすくお伝えできないだろうかと考え，構想しました。価値評価に関してはすでに多くの優れた書籍が世にあります。しかし，ベースとなる会計の見積りと，その検証そのものをテーマとして一冊とすることは，新たな試みであると考えます。

将来の会計を理解することによって，会計情報利用の大きな可能性が見えてくると思います。また，過去の会計数値から将来の会計数値の信頼性の程度を把握する，予測しうる将来の会計数値の変動から事業リスクを推定する，というようなケースも考えられるのです。

　将来会計はこれからますます発展すべき分野だと思っています。この本を通じて，経理や経営企画などの将来の会計に携わる方々をはじめ，多くの方にこの分野に興味を持っていただき，ともにこの分野をさらに発展させていきたいと願っています。

　最後に，本書の執筆をサポートしてくださった皆様，とりわけ，ご多忙な中，原稿に細かく目を通し有意義なご意見をくださった仰星マネジメントコンサルティング株式会社の金子彰良先生，公認会計士の棟方滋先生には，深く感謝申し上げます。

　そして，共著者として本書の執筆に加わっていただいた神奈川大学の平井裕久教授，長期間にわたり辛抱強くご対応くださった同文舘出版の青柳裕之氏，さらには，私を会計の道に導いてくださった故・片岡洋一先生に，心よりお礼申し上げます。

2017年10月

岩田　悦之

◉「見積る」「測る」将来会計の実務　もくじ◉

序章

- 企業の「利益」最大化・「価値」の創出　*2*
- 「価値」を表現する「将来会計」　*2*
- 将来の「実現値」と「期待値」　*3*
- 予測財務諸表のリテラシーを身につける　*4*
- 第三者の企業価値評価算定に関わる昨今の不祥事と問題点　*5*
- 将来のことはわからないが，予測はできる　*7*
- 将来会計の意味するところ　*10*
- 本書のねらい　*10*
- 将来会計は変動(ボラティリティ)＝「リスク」を扱わざるを得ない　*10*

第Ⅰ部
「見積る」
―将来会計による業績予測・検証―

第1章　将来会計の意義と必要性

Ⅰ．将来会計の意義 ——— *18*

Ⅱ．将来会計の必要性と5つの視点 ——— *19*

　1．会社の戦略的意思決定に資する「将来会計」　*20*

2．IR・情報開示のための「将来会計」　*20*

　　3．「将来会計」の5つの視点　*21*

　　4．投資の価値を「測る」ための「見積り」　*23*

Ⅲ．予測財務諸表のフレームワーク（過去と将来の連続性で見る）── *25*

　　1．キャッシュフローと会計数値　*25*

　　2．予測財務諸表の作成の視点　*29*

第2章 将来会計の検証

Ⅰ．将来会計の検証の問題 ──────────────── *44*

Ⅱ．「将来会計」検証のフレームワーク ────────── *46*

Ⅲ．将来会計検証のための5つの分析（「利益の質」分析）── *48*

　　1．事業活動の区分（財務諸表の組替）　*49*

　　2．事業戦略と会計数値の関係（戦略とビジネスの理解）　*54*

　　3．「利益の質」項目評価　*62*

　　4．財務比率分析　*71*

　　5．正常な収益力・維持可能性の検討（正常収益力分析）　*81*

Ⅳ．将来会計の検証のポイント ─────────────── *90*

第3章 将来会計「見積る」
　　　―業績予測＝予測財務諸表の作成のために―

Ⅰ．事業計画と業績予測 ───────────────── *94*

　　1．業績予測とは　*94*

　　2．業績予測の必要性　*94*

　　3．業績予測の3つのレベル　*94*

　　4．事業計画と業績予測は異なる　*95*

5．事業計画と業績予測は補完関係にある　*96*
Ⅱ．業績予測の基本的視点（将来予測）──────────*97*
　　1．Lundholm and Sloan のフレームワークの紹介　*97*
　　2．予測期間の基本的視点　*99*
　　3．売上成長率の基本的視点　*99*
　　4．予測会計数値にかかる最近の研究動向　*101*
Ⅲ．将来会計「見積る」のまとめ──────────*102*

第Ⅱ部

「測る」将来会計による企業価値評価

第4章 DCF法による企業価値評価

Ⅰ．企業価値評価の理論と実務──────────*106*
　　1．DCF法とは　*106*
　　2．割引率（加重平均資本コスト）　*109*
Ⅱ．継続価値評価──────────*112*
　　1．永久成長率法と倍率法（マルチプル法）　*113*
　　2．永久成長率法による継続価値評価　*115*
　　3．残余利益法による企業価値評価　*121*
　　4．継続価値計算の仮定と予測最終期の業績　*127*
　　5．継続価値の検証のポイント　*129*
Ⅲ．割引率の推計──────────*129*
　　1．加重平均資本コスト（WACC）　*130*

  2．DCF法の2つの方法（エンティティ法とエクイティ法）　*142*

Ⅳ．DCF法の実務上の問題点と限界 ——————————— *144*
  1．DCF法の問題　*144*

  2．DCF法の特性と限界　*145*

第5章 将来会計のリスク分析と評価

Ⅰ．将来会計の扱う不確実性 ———————————————— *148*
  1．将来キャッシュフローの変動と割引率　*148*

  2．キャッシュフローの変動による影響を把握する3つの方法　*150*

  3．変動リスクの把握　*152*

Ⅱ．モンテカルロ・シミュレーション事例による考え方 ——— *154*
  1．将来会計の評価としての不確実性の表現　*156*

  2．確率と確信度は異なる　*157*

  3．入力としての確率分布　*158*

  4．相関の評価　*163*

Ⅲ．モンテカルロ・シミュレーションによるリスク評価 ——— *165*
  1．リスク極小化行動の評価　*165*

  2．固定費の変動費化の例　*165*

Ⅳ．将来会計「測る」のまとめ ———————————————— *166*

付属資料 ————————————————————————————— *169*
将来会計を読み解くための参考文献 ——————————————— *179*

序章

■企業の「利益」最大化・「価値」の創出

　企業行動において，「利益」の最大化を目的とする活動と「価値」の創出・向上を目的とする活動は，必ずしも同じ方向を向いているとは限らない。

　大企業も中小企業も，一定の期間の「利益」という業績を算定し「財務諸表」という形で利害関係者に業績を開示しているが，「価値」そのものについては基本的に開示していない。しかし，「価値」そのものを評価する重要性はより一層高まっているといえる。

　大企業から中小企業まで，M&Aが企業の戦略の一環として欠かせないものとなっている。M&Aによって狙い通りの「価値」を創出するためには，対象会社や対象事業の「価値」そのものを適切に評価しなければならない。

　また，東芝の不正会計問題では「インフラ工事原価の過少見積り」や「原子力発電事業子会社の減損損失の非公表」といった「会計上の見積り」がクローズアップされている。これも会社の「価値」評価と密接に結びついている。

　企業行動が「価値を創出する活動」なのか，もしくは，東芝の「減損損失」の計上に見られるように結果として「(投資が)価値を毀損する活動」なのかの判断は，「価値」を計数的に評価することによって行うことができる。

　その意味で，「価値」を計数的に評価することが，昨今の企業経営のためには必要不可欠な思考であり，ツールでもある。

■「価値」を表現する「将来会計」

　会社の「価値」は，会社の〈将来の「期待」キャッシュフローの割引現在価値〉として計数的に評価される。キャッシュフローは，活動の結

果によるキャッシュの増減の事実に過ぎないが，会社の活動を映し出す「会計」のフィルターを通すことによって，キャッシュフローが生成される過程・根拠を表すことができる。同様に，将来の会計は，将来の「期待」キャッシュフローの見積りの根拠を表すことができる。

例えば，会社が前年と同じ環境で同じように活動できる場合，今年の会計数値は，前年の会計数値と大きく変わらないことが想定できる。

将来の「期待」キャッシュフローは，将来の会計すなわち「会計上の見積り」そのものであり，「予測財務諸表」という形で表現される。

また，将来の活動が現在の活動と連続しているのと同じく，「会計上の見積り」は，将来の会計数値として独立して存在するのではなく，「会計の実績値」との連続的な関係を通じて行われる。さらに，次の井尻[1990]の言葉にあるように，過去の会計数値自体，将来の事象に対する見積りの要素が含まれたものである。

「（過去の）会計は過去を知るために未来を知るものである」

（井尻雄士[1990]『「利速会計」入門：企業成長への新業績評価システム』日本経済新聞社より）

よって，「会計上の見積り」に当たっては，過去数値である「会計実績」との整合性に，より一層注意を払わなくてはならない。

以下，将来の会計数値の見積り及びその行為を総じて「将来会計」と呼んでいるが，この「将来会計」こそ，「価値」の根拠を数値として説明する重要な手段である。

■将来の「実現値」と「期待値」

将来の「実現値」は，誰にもわからない。予測財務諸表は，将来の「実

現値」を当てようとする財務諸表ではない。

　予測財務諸表は「未来を知ることはできないが，予測することはできる」ということを前提として作成される。

　すなわち，現時点で入手可能な情報をもとに，このまま事業が継続するという前提において作成される予測財務諸表の会計数値は，楽観的でもなく悲観的でもない「現実的な予測値」＝「期待値」である。

　入手した情報の精度・環境の変化によって，その「期待値」は変わり，「予測財務諸表」もその結果に応じて変化する性格のものである。

■予測財務諸表のリテラシーを身につける

　「会計実績」をまとめた財務諸表と「将来会計」である予測財務諸表とでは，その会計数値の性格が異なる点に注意が必要である。

　「会計実績」は「実現値」の性格が強いが，予測財務諸表の会計数値は「期待値」である。「予測財務諸表」を作成すること自体が，「事業の予見可能性を数値化するプロセス」の一面を持っている。結果，作成された合理的な「予測財務諸表」は，M&Aをはじめ資金調達などさまざまな経営の意思決定に際して，有用な情報を提供する。

　反面，合理的でない予測財務諸表，すなわち，実績との整合性のない予測財務諸表が，実務上さまざまな問題を引き起こす場合もある。

　予測財務諸表が表す数値を一見するだけでは，それが合理的であるかどうかはわからない。背景となる前提条件と併せて，予測財務諸表が合理的であるかを包括的に検証しない限り，その予測財務諸表は経営の意思決定に害を及ぼすものにもなり得る。例えばM&Aの際に，価値評価・分析により買収価額を検討するのではなく，目標とする買収価額を正当化するためのキャッシュフロー情報を算出して評価に用いるといった具合である。

このことからも，将来キャッシュフローの根拠である予測財務諸表の見積数値が「期待値」を示す合理的なものか，判断する力を身につける必要がある。

■第三者の企業価値評価算定に関わる昨今の不祥事と問題点

企業は投資家・株主に対する説明責任を果たすため，M&Aや資金調達に際して，利害関係のない第三者による企業価値評価をもとに合理的な意思決定を行った（不当に高い価額で買収していない）ことを表明する場合が多い。そして，この，第三者による価値評価結果を悪用するケースがある。

「オリンパスの不正会計事件における買収企業の価値の過大評価」「オーベンによる第三者の企業価値評価結果を悪用して既存株主に損害を与えたM&A」（付属資料）など，結果として第三者による企業価値評価が，投資家・株主からの信頼を著しく損なうこととなった事件である。先述の通り，企業価値とは，企業が創出する〈将来の「期待」キャッシュフローの割引現在価値〉であるから，〈将来の「期待」キャッシュフローの見積り〉すなわち「予測財務諸表数値」が「価値評価」に大きく影響する。にもかかわらず，これらのケースでは，ともに「期待」キャッシュフローの合理性を適切に検証することなく，ターゲット価格に合わせて作成・提出された事業計画を無批判に割引計算したものを，「価値評価」と称して算定書を作成していた。

このようなことが許されるなら，依頼者の想定する価値に合致したキャッシュフローを見積もればよいのであって，それでは「価値評価」そのものの意義が失われてしまうのは当然のことであり，キャッシュフローの見積りの合理性を正当に検証すれば，このような事態にはならないはずである。

また時として，会社が予測財務諸表を作成することなく，損益計画に毎期の投資額の見積りを加算してキャッシュフローを見積もり，割引計算した価値算定書が見受けられる。

　上記のようなケースのキャッシュフローとその前提条件から推定した予測財務諸表を作成し直してみると，往々にして「いびつな財務諸表」になるケースが多い。**図表序-1**はその一例である。

■図表序-1　「いびつな財務諸表」の数値例

(単位：百万円)	実績	予測			
	2015年	2016年	2017年	2018年	2019年
(計画指標)					
EBITDA	1,111	1,254	1,306	1,415	1,509
FCF	583	486	578	650	760
(財務諸表作成数値)					
現金預金	434	406	466	679	1,139
事業資産	2,824	2,658	2,496	2,304	2,051
有利子負債	1,833	1,402	973	568	284
純資産	1,425	1,662	1,989	2,415	2,906
EBITDA/事業資産	39%	47%	52%	61%	74%

　フリーキャッシュフロー（FCF）だけ見ると583百万円から760百万円程度に成長する計画であるが，背後にある貸借対照表・損益計算書を作成してみると，その財務比率であるEBITDA／事業資産は39％からその約2倍の74％に成長する計画となる。同業他社を見ても，74％の投資利益率を稼ぐ会社はない。

　実績値と予測値を投資効率の観点から比較してみると，財務的に大幅に改善された計画であることがわかる。FCFの計画値だけでは判断できない点も，財務諸表に変換し，財務比率で見てみると，現実とかけ離

れたFCFが計画されていたことがわかる。

このように予測財務諸表の作成には，不合理なFCF予測をけん制する効果がある。もちろん，その結果に合理性が担保された明確な根拠があれば問題がないが，重要なことは，財務比率の異常値を検出することによって，確認すべき箇所を明確にするということである。

なお，以上のような問題を鑑み，日本公認会計士協会が公表している『企業価値評価ガイドライン』の2013年改訂版においては，事業計画を無批判に受け入れて価値計算するといった単なる「計算業務」は，評価の業務項目から外されている。

■将来のことはわからないが，予測はできる
― 「実現値」・「目標値」・「期待値」―

将来の「期待」キャッシュフローを割り引いて現在価値を算定する価値評価の方法は，一般にDCF法（Discounted Cash Flow法）と呼ばれている。DCF法は，企業価値評価方法の主たる方法として広く認知されている一方で，事業計画上の将来の会計数値を扱うものであるから，将来の会計数値に恣意性が入りやすい面がある。

将来のことは結局わからないから，将来の仮定の数値の計算結果は，まったく信頼できないと考える会計の専門家もいる。このような誤解の多くは先述の，将来の「実現値」と「期待値」の違いから生じているものと思われる。

将来の業績の「実現値」の正確性は，誰にも担保できない。しかし，価値評価が必要な取引のためには，将来キャッシュフローの「期待値」を計算して，取引額を決定しなければならないというのが，実務上の要請である。

現代の「会計」は複式簿記の誕生を機に15世紀に始まり，その200年

後の17世紀末期，保険数学が誕生したといわれている。このころにはすでに「期待値」の考え方が成立していたことがわかる。ここで，「期待値」による見積りの意味を，保険数学における「一時払い生命保険料の見積り」を例に説明したい。

マージン・経費等を考慮から除けば，支払うべき生命保険料は，将来の死亡時に支払われる保険金の割引現在価値と等しいはずである。

図表序-2に示すように，生命保険料を見積もるためには将来保険金を支払う時期，すなわち死亡する時期（t期）とその時期に死亡する確率（p(t)）の程度を見積もらなければならない。この死亡確率と支払保険金を乗じて現在価値に割引計算したのが，将来支払うべき保険金の現在価値の「期待値」であり，保険会社が現在収受すべき生命保険料と

■図表序-2　一時払い生命保険料の見積り

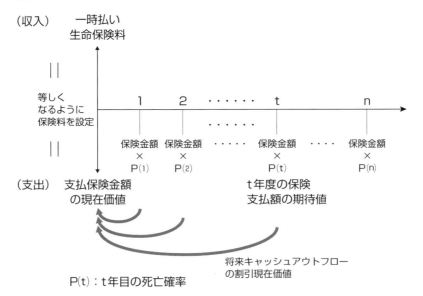

いうことになる。

「期待値」は，将来起こると推測される数値（出来事）とその確率を乗じて計算された確率加重平均値である。

当然ながら，死亡確率の予測においては，評価人（責任者）の主観的判断を完全に排除することは不可能である。生命保険料の評価人が算出する死亡確率が，素人が考えるものよりも高精度であるとする予測も，100％客観的な形で示すことはできない。しかし，結論を出すためには，主観的に判断した死亡確率の客観性を担保するための合理的な根拠（例えば，人口推移の統計値から計算した生命表）を必要とする。

同様に，企業の事業計画の会計数値が「期待値」である合理的な根拠も，必要となるはずである。特に企業が作成する事業計画は目標数値的な性格を有している場合があり，そもそも事業計画が「期待値」を示しているとは限らない。

事業計画の策定の性格そのものが，業績予測と異なる場合があるため，予測情報の利用者にとって，企業が作成した将来数値をそのまま用いることが可能なのか判断が必要となる。計画段階の「目標値」と「期待値」とは異なるものであり，どちらの数字を用いて計算するかによって，計算結果の意味が異なる。そのためにも，「期待値」という視点で評価するという前提に立脚する必要がある。

「将来のこと（将来の実現値）はわからないが，予測（期待値）はできる」という前提のもとで行わなければ，「企業価値評価」のみならず，会計基準で要請されている減損などの「見積りによる会計処理」の実務的な要請に応えることはできない。

過去の会計数値に対しても主観的な判断とその根拠が必要であるように，将来の会計数値においても，同様に主観的な判断とその判断の合理的な根拠が必要である。

■将来会計の意味するところ

　企業価値評価の問題が生じる主因は，〈将来キャッシュフローの数値が「期待値」を示していること〉の確認・検証が欠如していることによるものであると考えられる。

　M&A・投資をはじめ，「価値」の創出または向上のための行動で失敗しないためにも，価値評価の合理性の検証は必須であり，その大きなポイントは，「将来キャッシュフローが『期待キャッシュフロー』を示しているか」にある。

　それは，業績予測数値(将来の会計数値)が「期待値」であるかという観点から，評価の基礎となる事業計画を検証することである。この事業計画の検証には，その計画が「目標値」ではなく「期待値」であることの確認と，「期待値」であることの合理的な根拠を示すことの双方を含む。

■本書のねらい

　実務において，将来キャッシュフローの見積りの要素となる将来の会計数値の合理性を検証する作業は行われているものの，その効果的な手法について明示的に解説されたものはあまり見当たらない。

　本書では，会計の見積りと企業価値評価に携わる実務担当者に向けて，この将来会計数値の合理性についての考え方と具体的な検証方法についての整理を行っている。

　また，将来会計数値については，将来事象の起こり得る確率についても言及すべきであると考え，将来会計数値における不確実性の捉え方についても整理を試みた。

■将来会計は変動(ボラティリティ)＝「リスク」を扱わざるを得ない

　企業は成長戦略の手段としてM&Aを活発に行うようになり，将来会

計の必要性が増してきている一方で，わが国経済は成長社会から成熟社会にシフトしているといわれている。そのため，企業はより一層，将来業績の変動性（ボラティリティもしくはリスクと呼ばれている）についても関心を払わなければならない。

　企業価値の重要な2つの要素は，将来の期待キャッシュフローの大きさとリスクである。リスクは価値計算上，割引率（要求利益率）で数量的に表現される。リスクが高ければ高い割引率が適用され，リスクが低ければ低い割引率が適用される。見方を変えれば，リスクを低減させること，リスクを回避することによって，企業価値は向上するのである。

　成熟社会にあって，将来の期待キャッシュフローの成長が困難な状況のもとでは，リスクをいかに低減・回避するかは，企業価値向上のための重要な課題である。経営者にとって，将来の変動性すなわちリスクの数量化と，それに基づく意思決定の必要性が高まっている。

　以上のような状況を踏まえ，本書でいう「将来会計」を習得することによって，以下のことが可能になると考えている。

①業績予測を行う（予測財務諸表を作成する）
②事業・企業の不確実性＊を評価する（「リスク」の程度を知る）
　　＊本書では不確実性とリスクを同等の意味で用いている
③価値評価を行う（「期待値」である価値を知る）
④上記含む業績予測プロセスを検証する
　（会社が作成した将来会計数値が「期待値」であるかを検証する）

本書はⅠ部とⅡ部で構成されている。

第Ⅰ部では，将来の会計数値の合理性，その「見積り」と検証方法について，第Ⅱ部では，「見積り」をもとに企業価値を「測る」方法とその注意点について，さらに「見積り」の不確実性を反映した評価方法について記している。

まず第1章で将来キャッシュフローの「見積り」を行う際の「将来会計」の意義と必要性・予測財務諸表の考え方について説明する。実績の財務諸表を作成する通常の「会計」に対して，「将来会計」は「予測財務諸表」を作成・検証するための「会計」である。

投資から生み出される将来の期待キャッシュフローの割引現在価値が投資価値である。将来の期待キャッシュフローを見積もることは，将来の会計数値を見積もることとまったく同じである。ここでは，将来の会計数値の合理性の必要条件を整理し，「将来会計」の意義を踏まえて，検証のフレームワークを提示する。

第2章では「将来会計」による検証の，具体的な分析方法について説明する。ここでは予測財務諸表を検証するために，過去の会計数値の質の分析（以下「利益の質」分析），その5つの方法について記述する。

過去の利益数値は，企業活動の成果をある一定の会計基準に従って測定，ないし見積もった数値であり，企業活動の成果を評価する有用な情報であるが，唯一絶対的な尺度ではない。通常の「会計」から計算された利益は，主観によって見積もられた総合的な判断の結果である。たとえ「利益」が同じ金額であったとしても，その内容の違いで価値は異なったものとなる。

企業活動の成果としての会計数値を分析する場合に，「利益数値」と「その他の財務諸表数値」との関係性を把握することが重要である。キャッシュフローの生成過程は，これらの「利益数値」と「その他の財務

諸表数値」の変動によって説明することができる。

　単に事業計画上のキャッシュフローから機械的に価値を算定するのではない。過去の「利益数値」と「その他の財務諸表項目」の関連において分析し，「過去の利益数値」が「将来の利益数値」の出発点となり得る観点から「過去の利益数値」を評価する。「過去の利益数値」を踏まえた上で，「将来の利益数値」の合理性を検証することが，「利益の質」分析である。

　第3章の将来予測分析では，単に事業計画で見積もられる将来会計を検証するだけではなく，実際に業績予測を行うための分析と予測財務諸表の作成方法について説明する。作成した業績予測が，会社が作成する事業計画の「規準」となり，業績予測と事業計画を比較し，差異を把握することにより，検証のポイントが明らかになる。これにより，より効果的な検証が可能になる。

　第Ⅱ部の第4章では，具体的な企業価値評価であるDCF法について説明する。DCF法は，最も理論的な評価方法である。なぜならDCF法は，将来の「期待」キャッシュフローの割引現在価値を計算するという定義通りに「価値」を計算する方法だからである。よって，価値評価を行う上でDCF法は避けられない。DCF法による価値評価にとって，特に重要なのは将来の「期待」キャッシュフローであるが，その他の計算要素である「割引率」「継続価値」についても説明する。DCF法には他にも「エクイティアプローチ」によるDCF法があり，またDCF法以外のインカムアプローチの評価方法に「残余利益法」がある。しかし，いずれの評価方法も，将来の「期待」キャッシュフローの割引現在価値を評価する点で同じアプローチであり，理論的にも，いずれの方法で計算しても結果は同じになることが知られている。価値評価として一般にDCF法を適用することに異存はないが，実務上適用するためには，計

算の要素も含めたさまざまな前提条件の意味を理解しておかなければならないため，ここではDCF法の問題と限界を明らかにする。

　最後に，第5章において，従来のDCF法の計算では十分に反映できなかった，事業そのもののリスクについても考慮する評価方法を提示する。具体的にはそのなかでも，各会計数値（ないし比率）の確率分布として表すことで，将来キャッシュフローの不確実性を考慮した評価方法であるモンテカルロDCF法について説明する。そして，モンテカルロDCF法を理解する上で必要な「確率・統計」の考え方も踏まえて，その利点と意義を明らかにする。

第Ⅰ部

「見積る」
―将来会計による業績予測・検証―

第1章

将来会計の意義と必要性

Ⅰ. 将来会計の意義

「将来会計」とは,過去の会計数値を手掛かりに予測財務諸表を作成・検証するための会計であり,情報の入手から作成及び検証から修正に至る一連の動的なプロセスを指す。このプロセスそのものが,将来に関する意思決定・リスク管理の上で,とても有用であると考える。それは,このように作成された予測財務諸表が,予見可能性を数値化する基盤となり,経営の意思決定やコンセンサスの形成に役立つからである。

■図表1-1　予測財務諸表と将来会計

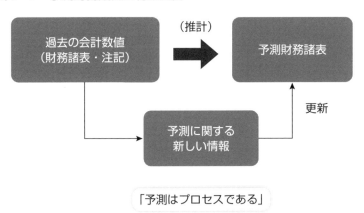

ところで,この「将来会計」という言葉は,Penmanの著書,*Financial statement analysis and security valuation*に記されている次の言葉からきている(Penman[2001];訳書p.551)。

"Valuation is really a question of Accounting for the future"
(価値評価は,実のところ将来の会計問題である)

すなわち,価値を測ることと,将来会計は同義のものとされている。

また，そもそも会計とは，実績数値から将来を予測するためのシステムである。それは，同書において「会計は現在を記録する方法だと考えられることもあるが，実際には将来についてきちんと考えるシステム，すなわち評価に変換することが可能な投資回収額の予測を促すシステムなのである」と記されていることからもわかる（同訳書，p.551）。

　これらから，予測とは，将来の未知の事象について過去の情報を手掛かりに推測し，将来に関する新たな情報を入手したらそれ自体を更新していく性格を持つものであることがわかる。

　よって将来会計も同様に，過去を手掛かりに「予測財務諸表」を推計し，影響を与える新たな情報（計画や具体的施策も含む）を入手する都度，「予測財務諸表」を修正・更新する性格を持つ〈プロセス〉であるといえる（**図表１－１**）。

II．将来会計の必要性と５つの視点

　「将来会計」は経営の意思決定やコンセンサスのための会計である。以下のような場面において，考慮すべきコンセプトである。

1．会社の戦略的意思決定に資する「将来会計」
　　―投資/M&A・事業売却の意思決定
　　―グループ内の再編・整理の意思決定
　　―資金調達・融資の意思決定など
2．IR（投資家向け広報活動）・情報開示のための「将来会計」
　　―自社の戦略の株主価値への影響に関する数値的根拠
　　―「減損会計」をはじめとする会計基準上の見積り及び評価

1．会社の戦略的意思決定に資する「将来会計」

まず，投資の意思決定のために将来会計が必要である。例えば，会社の買収や売却の際，いくらで採算が合うのか，価値を測定しないことにはわからない。そのためには，投資対象の予測財務諸表に基づいて「価値」評価を行う必要がある。

また，グループ会社の投資・撤退を検討する際にも，その会社が将来どの程度稼げるのか，どの程度損失を被る可能性があるのか（すなわちリスク）を見積もる必要がある。そこで，予測財務諸表の作成が必要になる。

あるいは，金融機関などから資金を調達する場合，特に融資を受ける場合に，その資金の使途となる事業から将来どれだけの確度で返済できるのかを見積もるためにも，予測財務諸表の作成が必要である。金融機関側の融資審査の立場からも，信用リスクを見積もるためにやはり予測財務諸表をもとに検討する必要がある。

2．IR・情報開示のための「将来会計」

次に，IR・情報開示のためにも将来会計は必要である。

近年，会社経営や株式投資の指標として「ROE（株式資本利益率）」指標の重要性がうたわれており，2014年に公表された経済産業省の最終報告書（いわゆる「伊藤レポート」）においても，目標ROEを8％以上と明記されている（経済産業公報／経済産業調査会編［2014］）。しかしながら，「価値」の観点から説明するには，「ROE」の指標だけでは不十分である。

理由としては第1に，株主価値の観点からは直近のROEの実績だけでなく将来のROEの持続性も重要であること，第2に，ROE指標は，会社の将来の成長戦略について何も説明してくれないことである。将来

性(成長性・持続性)を数値的に説明する手段としては,ROEの実績ではなく,予測財務諸表が必要である。具体的には,投資家もしくは潜在投資家に対して,企業が策定した中期事業計画を公表し,将来の成長戦略について説明する必要があろう。中期事業計画の数値も,予測財務諸表が基礎となる。経営者には,投資家や潜在投資家に対する合理的な説明が求められる。

　予測財務諸表は,過去の事業活動と将来の事業活動を連続的に解した結果として,将来会計数値によって表現されるものである。そして,事業の成り行きから計画上の会計数値にフィードバックすることにより,計画の合理性を担保するツールにもなる。これにより,中期事業計画は予測財務諸表に裏付けられコンセンサスを得て,株主価値と株価の差を埋めることが可能になるのではないかと考える。

　また,「会計上の見積り」及び評価において話題に上がることの多いのれん減損による巨額損失は,まさに将来会計の問題である。のれんは買収額と買収時の対象会社の純資産の差額として認識されるため,もし買収額が適切でなければ,買収時に計上されたのれんが買収後短期間のうちにのれんの減損として一括償却される。詳細は筆者共同論文「買収の失敗原因から探る　のれん減損の本質」(竹原・岩田［2017］)に記しているが,この買収額が適切かは,対象会社の将来会計の判断そのものである。のれん減損による巨額損失が起きるのは,M&A時の企業価値の過大評価によるものであり,将来会計の検証ができていない点からである。M&Aプロセスに含まれる主観的要素の客観化が,将来会計を通じて,のれん減損を防ぐカギとなるのである。

3.「将来会計」の5つの視点

　将来会計には長期的・大局的な観点が必要であり,中期事業計画に用

いられる将来会計の期間は，当然のことながら中・長期を想定している。加えて，将来の会計数値にどの程度のばらつきを想定しているか，という情報も必要になるであろう。

視覚的に捉えるのであれば，**図表1-2**のようなイメージである。

将来会計の目的の1つである意思決定支援の情報提供は，**図表1-2**における価値評価の基礎であり，すなわち，将来会計数値の「期待値」と「ばらつき（リスク）」に関する情報を提供することである。

以上のことをまとめると，将来会計に必要な視点は以下の5点である。

① 「期待値」を求める（予測の第一歩）
② 過去から将来を見る（利益の正常性・維持可能性の評価）
③ 大局的・長期的に見る（長期見積りは傾向値的な性格となり，かつ不確実性が増すことを前提）
④ トップダウンによる検証を行う（業績予測による事業計画の検証）

■図表1-2　予測財務諸表の作成アプローチと不確実性のイメージ

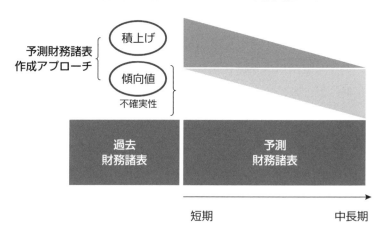

⑤リスクを評価する（ばらつきを見る）

4．投資の価値を「測る」ための「見積り」

　M&Aなどの意思決定の局面において投資の価値を「測る」ためには，「会計上の見積り」すなわち「将来会計」が必要である。一方，上場会社の株式への投資では，株価は市場で公開されているため，投資価値を「測る」ための「会計上の見積り」は必要ないのであろうか。

　現在の会社の価額とは，発行済株式総数に株価を乗じた総額（時価総額）である。投資採算を考えることは，その会社の価額が本来の価値と比較して割高か，割安かの判断をすることである。つまり判断を行うには，会社の本来の価値を把握しなければならない。では，会社の本来の価値とは何であろうか。

　投資は，将来入ってくるであろう「期待」キャッシュに対する支出である。つまり，投資の価値は，将来入ってくるであろう「期待」キャッシュとの交換価値である。

　投資価値を決定する要素は3つあるが，例を用いて考えてみよう。

　まず1つ目は，平均的に100円入ってくる案件と，平均的に200円入ってくる案件とを比較する。100円と200円を比べて，200円入ってくる案件の価値が高い。

　2つ目は，1年後に入ってくる100円への投資と2年後に入ってくる100円への投資とでは，1年後に入ってくる案件のほうが価値が高い。なぜならば，1年後に得る100円を運用することで，2年後には100円以上の価値を得られると考えられるためである。

　3つ目は，100円投資して1年後に150円のリターンを得るという案件が2つあり，一方は確実に150円が返ってくるのに対し，もう一方は150円が返ってこない可能性がある案件である。この場合，リターンは明ら

かに同じ150円だが，後者のほうが返ってこないリスクが高いのであるから，前者の投資案件を選択するであろう。あるいは後者の，リスクのある150円のリターンに対しても，100円よりも少ない投資額であれば採択する可能性がある。すなわちリスクの程度によって，投資価値が異なる。

　以上のことをまとめると，投資の価値を決定する要素は以下の3つである。

〈投資の価値を決定する要素〉
　①将来入ってくるキャッシュの大きさ（期待値）
　②入ってくるキャッシュのタイミング（時点）
　③将来キャッシュの変動の大きさ（リスク）

　このことを視覚的に表したものが**図表1-3**であり，定式化すると1.1式のようになる。1.1式によって投資価値を算出する方法を一般にDCF法という（将来の「期待」キャッシュフローを割り引いて現在価値を算定する価値評価の方法のこと）。

■図表1-3　投資価値の考え方

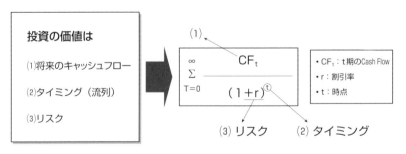

$$投資価値 = \frac{(1年目のキャッシュフロー)}{(1+割引率)^1} + \frac{(2年目のキャッシュフロー)}{(1+割引率)^2} + \cdots \cdots \quad (1.1)$$

Ⅲ. 予測財務諸表のフレームワーク（過去と将来の連続性で見る）

1．キャッシュフローと会計数値

　事業の投資価値は，事業から得られる将来の「期待」キャッシュフローの現在価値である。しかしながら，将来の事業キャッシュフローを直接的に見積もることは難しい。そこで，会社の活動に対応した会計数値を見積もることによって，事業キャッシュフローを見積もる。

　事業キャッシュフローとフリーキャッシュフローは，ほぼ同値のものである。フリーキャッシュフローとは，事業で稼いだキャッシュフローのうち，資金調達先である株主及び金融機関等の債権者に配分可能なもの（部分）として定義されている。

　フリーキャッシュフローと会計数値との関係は以下のような関係にある。

・フリーキャッシュフローは，営業から得られる利益（損益科目）から，利益を得るための運転資本への投資・設備投資支出（事業関連の貸借対照表科目の増減）を差し引いたものである。
・フリーキャッシュフローが上記の会計科目数値によって求められることで，フリーキャッシュフローが生成する過程を企業活動と関連付けている。
・会計科目数値は，財務諸表上の損益計算書・貸借対照表の構成要素であることから，予測財務諸表を作成することと，フリーキャッシュフローを見積もることは同義である。すなわち「キャッシュフローの見積り」＝「予測財務諸表の作成」である。

投資の判断において実務上用いられている主な利益指標には，EBITDA（減価償却前営業利益）とNOPAT（税引き後営業利益。税務上の計算においての差異からNOPLAT：みなし税引後営業利益と区別して用いる場合もある）の2種類がある。

この利益概念は，日本の会計制度における財務諸表の多段階的な利益（売上総利益・営業利益・経常利益・税引前利益・当期純利益）とは以下の点で異なる。

NOPATは，事業活動と財務活動の区分に重きをおいて，このうち事業活動に関わる包括的な利益指標として用いる。

EBITDAは，支出を伴わない減価償却費及び償却費を含めず，営業活動にかかる部分を再計算し，また法人税額を含めないことでNOPATと類似の情報を提供している。

両者とキャッシュフローとの関係を**図表1-4**に示す。

■図表1-4　フリーキャッシュフローと会計利益（NOPAT・EBITDA）の関係

フリーキャッシュフローの構成

	EBITDA			NOPAT
−	発生税金相当額（営業関連）		＋	減価償却費
＋−	運転資本増減		＋−	運転資本増減
−	設備投資		−	設備投資
	フリーキャッシュフロー			フリーキャッシュフロー

事業価値の評価において，日本の財務諸表に表示される多段階の利益（営業利益・経常利益・税引前利益）をそのまま用いない理由として，営業利益・営業外損益・特別損益の区分が，本来の事業活動の実態としての利益を見えにくくしていることが挙げられる。

日本での財務諸表上用いられる利益とNOPAT／EBITDAの違いは，

「財務諸表の組替」に大きく関係している。第2章のⅢの1．では，「財務諸表の組替」の意義を，倒産したインデックス社の粉飾決算事例を用いて説明する。

(1) NOPAT

NOPATとは，「Net Operating Profit After Tax（税引後営業利益）」の略である。NOPATは，すべての事業活動の成果を反映し，かつそこでは財務政策の影響が取り除かれているため，会社の事業のパフォーマンスに関する包括的な指標となる。

図表1-4で見るようにNOPATとフリーキャッシュフローの差異は，減価償却費・設備投資額と，運転資本増減の差異である。NOPATは，当期の減価償却費の水準と設備投資額の水準が等しく，かつ運転資本増減が僅少のもとでは，フリーキャッシュフローとほぼ一致する。

実務上，企業価値を評価するためには，損益計算書に表示された会計数値をそのままでは用いない。事業活動から生じるキャッシュフローと財務活動から生じるキャッシュフローを，明確に分ける必要があるためである。

第4章にて詳述するが，企業価値計算において将来の事業キャッシュフローを見積もるに当たっても，まずは実績における事業キャッシュフローを明確にしなくてはならない。

概算を求めるには，キャッシュフロー計算書を一部修正して対応できる場合もある。しかし，過去の利益とフリーキャッシュフローの関係を明確にするためには，財務諸表の組替を行う必要がある。これについては「2.（2） 予測財務諸表の概観と組替」において改めて説明する。

（2） EBITDA

EBITDAとは，「Earnings before Interest, Tax, Depreciation and Amortization（利息・税金費用・減価償却費・償却費控除前の利益）」の略である。

EBITDAが用いられる理由は，非現金支出である減価償却費及び償却費を含めないことによって，より「キャッシュに近い利益」を表しているものと考えられるからであり，価値評価の尺度となり得るとされている。

減価償却費・償却費は，長期にわたって使用する投資支出を単年度の業績に対応させるための費用として計上するものであり，キャッシュフローの分析においては，この長期性のある投資支出と営業活動による利益とを区別して把握することになる。また，ここで区別することで，税金を営業にかかる部分とそうでない部分とに分けるという計算の手間も省ける。その意味でEBITDAは営業の包括的な利益指標の簡易版といってよい。

ただし，非現金支出である減価償却費は会社の会計方針によって費用計上の方法が異なることから，費用の恣意性の排除という点でEBITDAがよく用いられるが，以下の点で誤解を招く可能性がある。

まず，EBITDAは必ずしも現金に近い利益とはいえない。利益には，減価償却費・償却費の他にも貸倒引当金・評価損などの非現金支出項目が含まれているため，減価償却費・償却費だけを除いたとしても必ずしも会計の恣意性は排除されない。会計の恣意性は，もともと利益という概念を取り入れたときから，必然的についてくるものである。

次に，同じ固定資産でも，取得した場合とリース利用の場合がある。EBITDAでは，取得による固定資産投資の影響は利益の要素からすべて排除されているが，リースによる固定資産投資では，リース費用とし

てEBITDAに含まれ計算されている。よって，双方の会社のEBITDAを単純に比較することはできない。その場合には，実務上，EBITDAR（EBITDAからさらに賃借料を控除する前の利益）という指標を求めて比較する場合もある。

2．予測財務諸表の作成の視点

(1) 予測財務諸表の3つのドライバー

予測財務諸表は，基本的に3つのドライバーで作成することができる。本来会社の価値を評価する要素は，成長性・収益性・効率性の3つであり，3つの各ドライバーの水準がわかれば予測財務諸表は作成できる。すなわち，会社の将来の成長性・収益性・効率性を表現したものが，予測財務諸表であり，予測財務諸表に将来のリスクを考慮して評価したものが企業価値である（**図表1-5**）。

■図表1-5　企業価値と3つの要素と予測財務諸表の関係

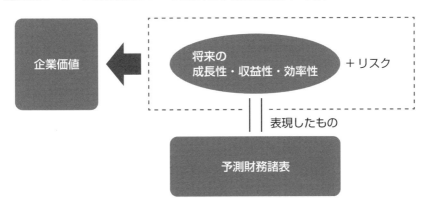

(2) 予測財務諸表の概観と組替

まず，予測財務諸表作成の前に財務諸表を概観する。**図表1-6**の左

側に示した貸借対照表を眺めると、各要素（資産・負債・純資産）別にいくつもの勘定科目が並んでいる。事業と財務の区別に着目して、貸借対照表を**図表1-6**の右側に示すように組み替える。具体的には、借方側に金融資産と事業資産を区別し、貸方側に株式・有利子負債による資金調達額を把握できるように組み替えている。

■図表1-6　予測のための貸借対照表の概観と組替

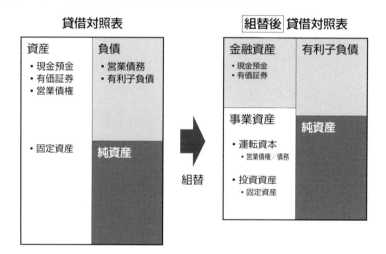

損益計算書でも同様に、事業と財務の区別の視点から、キャッシュフローと会計数値の「NOPAT」の概念に沿って整理する。事業から生じる利益及び財務から生じる利益で整理すると、**図表1-7**のような結果になる。

組替後の損益計算書と貸借対照表を各々、事業・財務の視点から対応させたものが、**図表1-8**である。

組み替えた財務諸表では、貸借対照表の事業資産（運転資本・投資資産）の変動と損益計算書のNOPATの変動がフリーキャッシュフローの

計算要素であり，価値評価と整合した財務諸表となる。

　事業資産以外の他の要素に変化がないとすれば，3つのドライバー（成長性・収益性・効率性）水準によって，**図表1-9**のようなイメージで予測財務諸表を作成することができる。

■**図表1-7　予測のための損益計算書の概観と組替**

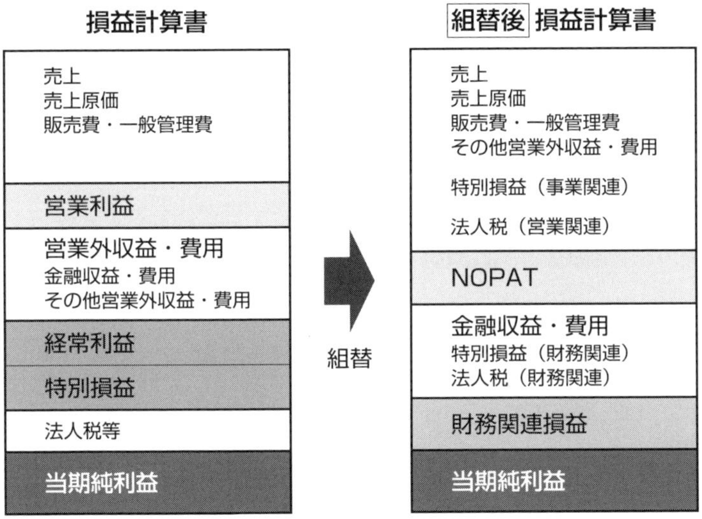

損益計算書		組替後 損益計算書
売上 売上原価 販売費・一般管理費		売上 売上原価 販売費・一般管理費 その他営業外収益・費用 特別損益（事業関連） 法人税（営業関連）
営業利益		
営業外収益・費用 金融収益・費用 その他営業外収益・費用	組替	NOPAT
		金融収益・費用 特別損益（財務関連） 法人税（財務関連）
経常利益		
特別損益		財務関連損益
法人税等		
当期純利益		当期純利益

■図表1-8　予測のための組替後財務諸表の対応関係

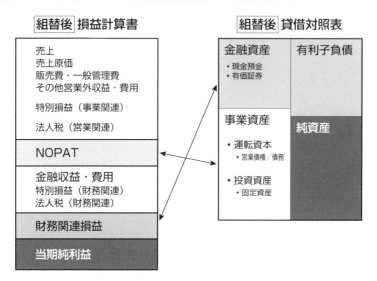

■図表1-9　予測財務諸表作成の簡単なイメージ図

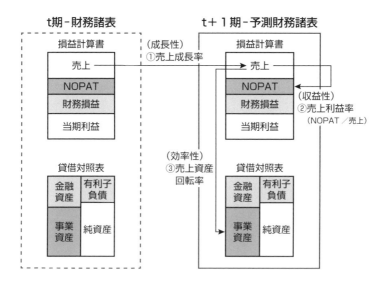

以上より，予測財務諸表の作成の要諦は，以下の2点である。

①財務諸表を事業と財務に分ける（組み替える）
②事業の3つのドライバー（成長性・収益性・効率性）の水準を設定する

　成長性・収益性・効率性のデータを入手できれば，事業活動に関する予測財務諸表を作成できる。言い換えれば，会社の価値を見るということは，現時点から出発して，企業の将来性（成長性・収益性・効率性）を数字に置き換えていくことである。
　図表1-9では視覚的に説明したが，次に数値モデルにより予測財務諸表の作成方法を示す。

(3) 予測財務諸表の数値モデル
　準備段階として，財務諸表（貸借対照表・損益計算書）とキャッシュフローの関係を整理した結果を，**図表1-10**に示す。

■figure 1-10　貸借対照表・損益計算書・キャッシュフローの関係

〈貸借対照表〉	0期末	1期末	差額 (1-0期末)	関係式
金融資産	C_0	C_1	C_1-C_0	
事業資産	I_0	I_1	I_1-I_0	
資産合計	A_0	A_1		
有利子負債	D_0	D_1	D_1-D_0	
純資産	St_0	St_1	St_1-St_0	1：$St_1-St_0=NP_1+G_1$
資本・負債合計	D_0+St_0	D_1+St_1		

〈損益計算書〉	0期	1期		
売上	S_0	S_1		
費用	E_0	E_1		
事業利益（NOPAT）	OP_0	OP_1		
財務損益	FE_0	FE_1		
当期利益	NP_0	NP_1		
資本取引（増資・配当等）		G_1		

〈キャッシュフロー〉		1期		関係式
事業CF		OCF_1		2：$OCF_1=OP_1-(I_1-I_0)$
財務CF		$FICF_1$		3：$FICF_1=(D_1-D_0)+G_1+FE_1$
ネットCF		NCF_1		4：$NCF_1=C_1-C_0$

図表1-10は2期間（0期と1期）の財務諸表である。上段が貸借対照表，中段が損益計算書，下段がその結果のキャッシュフローを示している。

資産を大まかに分類して金融資産（C）・事業資産（I）とし，資本・負債は有利子負債（D）・純資産（St）とする。この場合の事業資産（I）の金額は，事業のための正味の投資残高を示している。

損益計算書では，売上（S）から営業費用（E）を差し引いた事業利益（OP）に財務損益（FE）を加えて当期利益（NP = OP+FE）の項目を示している。営業費用には，事業利益を獲得した結果の法人税費用が含まれている。また財務損益にも，法人税等の税費用が含まれているものとする。

キャッシュフローは，事業活動からのキャッシュフロー（事業CF

(OCF))と財務活動からのキャッシュフロー(財務CF(FICF)),そしてその合計のネット(正味)のキャッシュフロー(ネットCF(NCF = OCF+FICF))で示している。

図表1-10の右欄ではこの3表の1から4の関係式を示している。

これが3表間の数値における形式的な合理性を示す式である。この関係は,財務諸表間の整合性を示しており,将来キャッシュフローを見積もる上で,この関係式が成り立たなければ,当該キャッシュフローは合理的なものとはならない。なお,簡略化のために,借入金等の有利子負債については一定の仮定をおいている。

(4) 予測財務諸表の形式的合理性(4つの式)

予測財務諸表は過去の財務諸表から連続していることが大前提である。図表1-10の右欄に示した4つの式は,予測財務諸表の合理性を担保するための関係式である。

①関係式1:貸借対照表と損益計算書とを通じて連続した関係

関係式1 ($St_1 - St_0 = NP_1 + G_1$)は貸借対照表と損益計算書の簿記的関係が満たされていることを示したものである。ここにあるGとは,純資産の増加のうち増資・配当等の利益以外の資本直接増減高を示している。なお,利益を経由せず,直接資本に計上する科目についてもGに含まれる。Gを除けば純資産の増加が当期利益に等しい,という関係が維持されなければならない。

②関係式2, 3:事業と事業以外のキャッシュフローが区分されている関係

関係式2 ($OCF_1 = OP_1 - (I_1 - I_0)$)は,事業キャッシュフローは事業

利益から事業資産の増加分（差額）を差し引いたものに等しいことを示している。この事業資産の増加分を事業にかかる「会計発生高」ともいう。

関係式3（$FICF_1 = (D_1 - D_0) + G_1 + FE_1$）は，事業以外のキャッシュフローは事業キャッシュフローに含まれないという関係式である。有利子負債の増加分（$D_1 - D_0$）・有利子負債に関する財務費用の支払い（FE_1（ただし，$FE_1 < 0$）），利益処分等の純資産の直接の変動G_1も事業以外のキャッシュフロー（$FICF_1$）であり，これらは事業キャッシュフローに含まれない。

③関係式4：ネットキャッシュフロー＝現金残高増減に一致する関係

事業キャッシュフローと事業以外のキャッシュフロー（ここでは財務活動のみのキャッシュフローとしている）を合わせたものがネットキャッシュフローである。

関係式4（$NCF_1 = C_1 - C_0$）は，ネットキャッシュフローが現金残高の増減と一致するという関係式である。2，3，4はまとめて，キャッシュフローが現金残高に一致し，かつ事業に関するキャッシュフローは明確に区分されていなければならないということを意味している。

事業価値を評価するためには，とりわけ事業キャッシュフロー（フリーキャッシュフローと同義）の見積りが重要なため，**図表1-10**から事業に関する部分だけを取り出し，**図表1-11**に示す。

■図表1-11　事業キャッシュフローと事業関連の予測財務諸表数値

	0期末	1期末	差額 (1-0期末)	関係式
事業資産	I_0	I_1	$I_1 - I_0$	
売上高	S_0	S_1		
費用	E_0	E_1		
事業利益（NOPAT）	OP_0	OP_1		
事業CF		OCF_1		$2 : OCF_1 = OP_1 - (I_1 - I_0)$

　事業利益（OP_1）から事業資産残高の差額（$I_1 - I_0$）を差し引くと事業キャッシュフロー（OCF_1）を算出できる，というのが，事業資産と事業利益と事業キャッシュフローの関係である。

　事業資産残高の差額は，運転資本残高の増減と設備投資簿価の増減であり，「フリーキャッシュフロー数値と会計利益（NOPAT・EBITDA）の関係」（**図表1-4**）で示した表と一致する。

　以上，キャッシュフローと予測財務諸表の関係，及び合理性を見るポイントについて整理した。この**図表1-11**において，仮に第0期を実績と考えた場合，1期目はどのように予測されるであろうか。なお，ここでは説明を簡単にするため，財務損益（FE）＝0とし，有利子負債（D），その他の純資産増加（G）については変動がないものとする。

（5）　予測財務諸表の数値例

　第0期から第1期目の事業キャッシュフローを予測する，とした場合に必要なバリュードライバーを整理したのが，**図表1-12**と**図表1-13**である。

■図表1-12　3つのバリュードライバーで財務諸表数値が決まる

①売上成長率：g
②売上NOPAT率：r
③売上資産回転率：w

	0期末	1期末	差額 (1-0期末)	関係式
事業資産	I_0	I_1	$I_1 - I_0$	③ $I_1 = S_1 \times w$
売上高	S_0	S_1		① $S_1 = S_0 \times (1+g)$
費用	E_0	E_1		
事業利益	OP_0	OP_1		② $OP_1 = S_1 \times r$
事業CF		OCF_1		2：$OCF_1 = OP_1 - (I_1 - I_0)$

■図表1-13　第1期目の予測財務諸表の作成

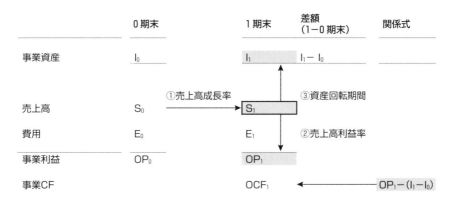

　予測財務諸表を作成するためのバリュードライバー（以下，ドライバーという）は大まかに分けて3つある。売上成長率（g），売上事業利益率（r），そして資産回転期間（w＝1/資産回転率＝事業資産/売上高）である。これらのドライバーの水準がわかれば，これまでの説明の通り，予測財務諸表を簡単に見積もることができる。

具体的なドライバー項目及び財務諸表数値の数値例を**図表1-14**に示す。なお，事業活動以外の関係は一定とする。

■図表1-14　予測財務諸表の数値例

〈損益計算書〉		0期	1期	2期	3期	4期	5期
売上		1,000	1,200	1,320	1,386	1,421	1,438
費用		920	1,100	1,210	1,271	1,302	1,319
事業利益		80	100	110	116	118	120
財務費用		6	6	6	6	6	6
当期利益		74	94	104	110	112	114

〈期末貸借対照表〉	0期首	0期	1期	2期	3期	4期	5期
事業資産	500	450	500	550	578	592	599
有利子負債	300	300	300	300	300	300	300
△金融資産	−100	−224	−268	−322	−404	−502	−608
資本	300	374	468	572	682	794	908

〈キャッシュフロー表〉		0期	1期	2期	3期	4期	5期
事業キャッシュフロー			130	50	60	88	104	112
財務キャッシュフロー			−6	−6	−6	−6	−6	−6
ネットキャッシュフロー			124	44	54	82	98	106

〈バリュードライバー項目〉		0期	1期	2期	3期	4期	5期
売上成長率			20%	10%	5%	3%	1%
売上事業利益率		8%	8%	8%	8%	8%	8%
資産回転期間（期末）		0.45	0.42	0.42	0.42	0.42	0.42
投資利益率			20%	20%	20%	20%	20%

　図表1-14の上から順に，それぞれの期の損益計算書，期末貸借対照表，キャッシュフロー表，最後にドライバー項目を示している。第0期から第1期が実績値，2期以降は予測値を示している。なお，有利子負債の

変動はなく,財務費用は毎期一定で発生して変化がないものとする(関係式2,3はすでに満たしているものとする)。

第2期以降の予測財務諸表は,ドライバー項目の数値によって計算されている。例えば,第2期目の売上成長率10%,売上事業利益率8%,資産回転期間0.42とした場合,第2期目の売上高は第1期目の売上高×(1+0.1)となり,第2期目の事業利益は売上高×0.08となる。また,事業資産は売上高×0.42となる。

これにより,続く下段の事業キャッシュフローは利益から事業資産の増減を差し引いた数値となり,これに財務キャッシュフローを加えて正味の現金残高の増減が算出される。その結果,前期末の現金残高268に54を加えた数値が現金残高322となり,また前期末資本468に当期利益104が加算された数値が資本572となることで,「(4)予測財務諸表の形式的合理性(4つの式)」に示した関係式1と4を満たすことになり,全体として整合した予測財務諸表が作成される。

以上のように,3つの指標をもとに関係式の要件を満たすことで,形式的に整合した予測財務諸表を作成することができる。言い換えれば,将来キャッシュフロー(厳密にいえば将来の事業キャッシュフロー)の見積り・事業の価値は,3つの要素——成長性・収益性・効率性で決まる。

重要なのは,この3つのパラメータ(数値)の適切性について検討することである。3つのパラメータが適切であれば,予測財務諸表から将来のキャッシュフローを見積り,事業価値を算出することが可能となる。

(6) 予測財務諸表の作成に残された実質的な課題

「形式的な合理性の前提」が整い,次に必要なプロセスは実質的な検証ないし,予測である。

仮に，バリュードライバーに直近の実績値を使う場合，その水準が果たして適正であろうか。また，それは「期待値」を示しているであろうか。「期待値」とは，理論上は確率加重平均値であり，実務上は，将来この状況が続けば上昇するかもしれないし，下降するかもしれないが，平均的に取り得る水準のこと，または楽観的でも悲観的でもない「現実的な予測値」の水準のことである。

　直近においてドライバーが大きく変化する可能性はあるのだろうか。予測財務諸表を導き出すドライバーは，前述の3点（成長性，収益性，効率性）に集約される。このドライバーの水準を過去の財務諸表における実績と比較し，大きく変化している場合，その要因を明らかにすべきである。

　このドライバーの実績つまり会社の成長性・収益性・効率性が，どの程度他社と異なり，どの程度優位性があるのかを分析することによって，会社の強み・弱みを明らかにし，事業計画におけるドライバー水準の変化の可能性について検討することが求められる。

　ここでは，形式的な予測財務諸表は簡単に作成できることを示した。次章以降では，以下の残された大きな2つの課題について解説する。

1．事業計画（将来会計）の検証
　財務諸表の形式的な合理性を満たしているか確認する。
　計画された数値（将来会計数値）と実績数値との間に，どのような乖離があるかを確かめる。
2．業績予測
　会計数値の「期待値」もしくはバリュードライバーの「期待値」を求める。

第2章

将来会計の検証

I. 将来会計の検証の問題

この章では、バリュードライバー、及びバリュードライバーから算出された将来会計数値が合理的な水準かを検証する方法について見ていく。

ここでは具体的な数字を用いて、事業計画の検証例を示す。

■図表2-1　事業計画の例

(単位：千円)	08/3期 実績	09/3期 実績	10/3期 実績	11/3期 計画	12/3期 計画	13/3期 計画	14/3期 計画
売上高	105,000	110,000	100,000	110,000	120,000	130,000	140,000
営業利益	5,000	7,000	15,000	18,000	21,000	24,000	27,000
減価償却費	1,000	1,000	1,000	1,000	1,000	1,000	1,000
EBITDA	6,000	8,000	16,000	19,000	22,000	25,000	28,000
運転資本	15,000	20,000	35,000	35,000	35,000	35,000	35,000
設備投資残高	25,000	25,000	25,000	25,000	25,000	25,000	25,000

	08/3期 実績	09/3期 実績	10/3期 実績	11/3期 計画	12/3期 計画	13/3期 計画	14/3期 計画
売上高成長率	—	4.8%	−9.1%	10.0%	9.1%	8.3%	7.7%
営業利益率	4.8%	6.4%	15.0%	16.4%	17.5%	18.5%	19.3%
EBITDA/売上高	5.7%	7.3%	16.0%	17.3%	18.3%	19.2%	20.0%
運転資本回転日数	52.1	66.4	127.8	116.1	106.5	98.3	91.3
有形固定資産回転率	4.2	4.4	4.0	4.4	4.8	5.2	5.6

図表2-1では、売上高成長率がほぼ順調に推移する計画となっている。

例えば直近期（10/3期：実績）から4年後（14/3期：計画）を見ると、営業利益率は15.0％から19.3％に上昇傾向となる。運転資本回転日数も年々短くなり、127.8日から91.3日のレベルに改善している。また有形固定資産回転率も改善している（売上高は伸びているが、それに伴う追加

投資は減価償却費相当分のみである)。

　これらの項目から，この事業計画は過去の業績よりも大幅な改善を想定していることがわかる。

　この事業計画を検討する際の視点を挙げる。

- 売上高の成長の見通しはどうか，戦略と整合しているのか。
- 営業利益率が計画上改善する要因は何か。
- 運転資本回転日数が上昇している理由は何か。
- 有形固定資産回転率の改善要因は何か。

　一般的にはこういった検討項目等を考えつくと思われるが，実はこれらの視点だけでは十分とはいえない。

　このような分析の視点の問題点は，過去の会計数値が実態を表していることを暗に前提として検証が行われている点である。

　それでは過去3期の営業利益の数値をそのまま取り入れて検証してよいのであろうか。例えば，**図表2-1**の例では直近(10/3期)の営業利益が大幅に上昇している。その原因として，10/3期の営業利益は一時的に上昇したものであって，正常な利益水準ではないのではないかと考えることもできる。

　また，09/3期の売上高が，もともと慢性的な売上の落ち込みを一時的な売上(資産売却等)によって補ったものであったのかもしれない。

　本来，本業の売上高は緩やかな下落傾向にあって，10/3期の営業利益が，単に運転資産の水ましによってかさ上げされたものであることが判明すれば，将来の営業利益は09/3期の水準よりさらに低くなる，などと推測できる。

　このように，将来のキャッシュフローを検証するために，まずキャッ

シュフローを構成する付加価値（利益）の正常な水準を，過去の実績から把握する必要がある。

II．「将来会計」検証のフレームワーク

3つのバリュードライバーが設定できれば，予測財務諸表を作成できることを説明した。よって，予測財務諸表による将来キャッシュフローの見積りの検証は，3つのバリュードライバーの水準（成長性・収益性・効率性）が適切に設定されているかを確認することにある。

企業価値の評価は，将来キャッシュフローが検証された上で行われるべきであり，価値評価と将来会計検証のプロセスを示すと以下の**図表2-2**のようになる。

■図表2-2　価値評価と将来会計検証のプロセス

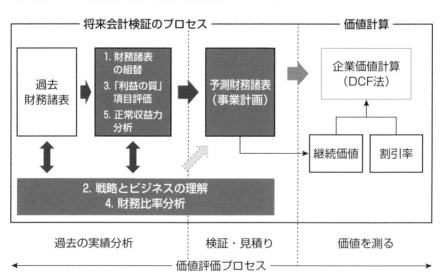

企業価値の評価は，過去の実績分析から出発し，価値評価の前提となる事業計画の検証・見積りを経て，前提となる２つの要素（継続価値・割引率）のもとで価値を計算する。

　この一連の価値評価プロセスのうち，過去の実績分析を含めた将来キャッシュフローの検証・見積りが，最も重要なプロセスである。

　将来キャッシュフローの水準が決まれば，ほぼ価値が決まる。確かに将来キャッシュフローのほかに継続価値と割引率の２つの要素がある。しかし，価値を決定するための判断の余地は，将来キャッシュフローほど大きくなく，要素の決定に時間をかけるべきではない。この点については，第４章にて後述する。

　価値評価の問題は本質的には，価値計算の問題というより，予測財務諸表がいかに適切であるかの問題であるといってもよい。

　予測財務諸表が適切であるか検証するためには，まずは過去実績から利益の正常な水準を把握する必要があるが（第１章「Ⅰ．将来会計の意義」），そのための分析が，**図表２-２**の１～５で示した「利益の質」分析である。

　その具体的な５つの方法はⅢに詳述するが，「利益の質」分析の目的は，将来利益の出発点となるべき利益水準の把握である。

　将来利益の出発点となるべき利益水準とは，正常かつ維持可能な利益の水準である。その利益水準は，会社の事業方針とビジネスと会計実績の関係の理解を通じて，過去の利益実績をもとに算定される。

　算定された利益水準から，予測財務諸表との間にどの程度差異があるのかを分析することにより，予測財務諸表の適切さを検証することができる。

　上記の分析に当たっては，以下２点を確認する。

〈将来会計の前提〉

①そもそも，予測財務諸表と実績の財務諸表との間に連続的な関係があるか

②予測財務諸表上，新規ビジネスと既存ビジネスの区分がなされているか

①は，予測財務数値の形式的な合理性が確保されていることの確認である。具体的には，**図表1-10**に示した予測財務諸表の関係式1から4を満たしているかを確認する。

②は，計画に織り込まれている新規のビジネスと既存ビジネスとが明確に区分されていることを確認する。過去からの延長線上において比較可能なのは，既存ビジネスの部分である。

新規ビジネスについては，その部分にどれだけの価値を見込んでいるのかを明確にしておく必要がある。ぼんやりした計画のみで価値が上積みされ，過大に評価されている可能性には，特に注意が必要である。価値評価において，そのプレミアム部分（過大評価された可能性のある部分）について，ビジネスの実行可能性などの根拠の合理性を慎重に検討する必要がある。

Ⅲ. 将来会計検証のための5つの分析（「利益の質」分析）

将来会計検証の基本は，過去の会計情報から将来の会計を見通すことにある。**図表2-2**に示した将来の会計を見通すために実施すべき「利益の質」分析は，主に以下の5つの検討項目で構成される。

1. 事業活動の区分（財務諸表の組替）
2. 事業戦略と会計数値の関係（戦略とビジネスの理解）
3. 「利益の質」項目評価
4. 財務比率分析
5. 正常収益力・維持可能性の検討（正常収益力分析）

1．事業活動の区分（財務諸表の組替）

予測財務諸表を作成するためには，図表1-10で示した関係式2,3において，会計数値を事業活動とそれ以外の活動（主に財務活動）に区分する必要があった。

過去業績から将来を見通すためには，上記の区分に合わせて，実績の財務諸表の項目を事業と事業以外とに分けること，すなわち，財務諸表を組み替えることが必要となる（そこまで実施することを意外に思われるかもしれないが，金融機関等においても，審査のために実際に財務諸表の組替を行っているところもある）。

財務諸表の組替を行うことによって，より過去の業績の実態が明確になる場合がある。実例で確認してみよう。

■図表2-3　インデックス社の例：営業利益と組替後NOPATの比較

単位：百万円	2002/08～2003/08	2003/08～2004/08	2004/08～2005/08	2005/08～2006/08	2006/08～2007/08	2007/08～2008/08	2008/08～2009/08	2009/08～2010/08	2010/08～2011/08	2011/08～2012/08
売上高	20,488	39,131	73,649	111,685	129,820	123,535	74,256	34,735	22,934	18,315
NOPAT	1,211	−2,117	1,928	−9,021	−11,654	−20,408	−8,671	−1,855	−2,398	894
営業利益	2,299	3,578	6,772	6,180	299	2,145	2,668	2,776	982	1,380

（1）　財務実績の推移の事例：インデックス社

図表2-3は，2013年に倒産した，インデックス社の財務実績の推移を示している。インデックス社は，ジャスダックに上場していたゲーム

制作会社であった。積極的なM&Aにより成長を図ってきたが，本業であるコンテンツビジネスの競争の激化と成長の鈍化により業績が悪化する。その後，5期連続による赤字と債務超過による上場廃止を免れるために2012年8月期に粉飾決算に手を染めた。粉飾決算の手口は，架空売上と架空利益の計上によるものであった。粉飾を行ったのは2012年8月期であったが，それまでの表面上の営業利益はすべて黒字であり，しかも安定的に計上されている。その理由は，営業利益に含まれない他の事業に関する費用・損失が，営業外損益・特別損益として処理されていたことによるものである。

一方，すべての収益・費用項目を再構成したNOPATでは，すでに2006年から赤字が継続している。事業の業績悪化は6年前から常態化していたということである。

〈分析のポイント：「営業利益」を疑え〉

従来，営業利益という指標は，正常性・維持可能性を示し，将来の利益水準を推測する代表的な指標として捉えられている。一方，代表的な指標であると認知されているからこそ，営業利益項目は粉飾が起こりやすい。この例からもわかる通り，営業利益だけで会社の収益力を判断してしまうと会社の価値を見誤る可能性もある。むしろ，NOPATのほうが，会社の収益力の実態を表しているといえるであろう。

現行の制度では，企業は多段階利益（売上総利益・営業利益・経常利益など）によって業績を開示しているが，インデックス社の例のように「営業利益」だけを業績指標として重要視するのは問題である。この例は，極端な例ではあるが，時として「営業利益」は意図的に操作されている場合もあり，これをもとに計算された投資価値では，投資判断を見誤る恐れがある。

実務上,「営業利益」に減価償却費を加えて簡便にEBITDAを算出し，このEBITDAに倍率をかけることで，企業価値を計算する場合がある。もし，インデックス社の例のように「営業利益」をもとに計算したのであれば，投資価値評価は著しく過大評価となってしまう。

（2）　財務諸表の組替の例

　具体的な財務諸表の組替について見ていく。企業活動を事業活動と財務活動・非事業活動とに区分し，それぞれの区分に対応するように財務諸表項目の組替を行う。具体的に，損益計算書は**図表2-4**，貸借対照表は**図表2-5**に組替後の結果を示している。

■**図表2-4　財務諸表の組替：損益計算書**

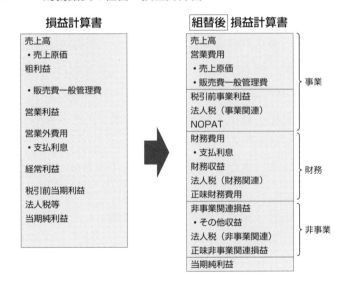

■図表2-5　財務諸表の組替：貸借対照表

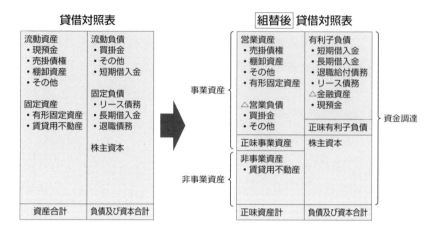

　通常の財務諸表上の表示では，事業活動と財務活動・非事業活動の科目が混在している。そこでまずは，事業活動と財務活動・非事業活動の科目を区分する。損益計算書では各々の活動別の損益を合計するように組み替える。貸借対照表では，右側（貸方）に資金調達，左側（借方）が資産を投資しているという状況を表すように組み替える。右側に財務活動にかかわる資産・負債・資本の各残高を計上し，左側に事業資産と非事業資産残高を計上する。

　実際に組み替えるに当たり，各項目で注意すべきことを挙げる。

①財務活動関連項目（貸借対照表・損益計算書）

　財務諸表における損益計算書では，資金調達に関する財務損益が計上されるため，支払利息が財務に関わる科目として認識される。また貸借対照表では，金融資産・負債が計上される。借入金・リース債務科目といった明らかに財務に関わる科目は，科目名で区分が可能である。退職給付債務については将来，会社が従業員の退職時に正味追加して支払わ

なければならない債務であることから，従業員の退職費用を対価として従業員から借入れた金融負債とみなす。

科目で分けられない場合は，次の方法を試行する。

1）明細を入手してさらに区分する。
2）財務損益にかかる税金費用のように，何らかの仮定をおいて計算する。

もしくは，重要性がなければ0とする。ただし，損益計算書で計上する財務損益と貸借対照表で計上する金融資産・負債は，できる限り対応しているのが望ましい。

〈現金預金項目（貸借対照表）〉

現金預金（現預金）項目について，厳密には，運転資本として見る現金と余剰現金とがある。運転資金相当分として確保すべき現金がある場合には，相当分を事業資産としてみなすため，控除しなければならない。全体的な影響等を勘案して，金額的に僅少である場合には，現金は余剰現金相当分として，金融資産として金融負債の控除科目として計上する。

②非事業活動関連項目（貸借対照表・損益計算書）

事業以外の資産・負債の中にも，明らかな金融資産・負債であるものもある。例えば，遊休資産や余剰資金による長期運用目的の不動産などである。このような科目については，事業に含めるよりも，非事業資産・負債の区分で把握するほうが，より事業に対する投資と利益の関係を明らかにすることができる。

〈正味運転資本（貸借対照表）〉

営業負債をネット（正味）として，正味事業資産として計上している。

これは営業循環過程のなかで正味の投資金額を把握するためである。仕入の支払と売掛金の回収は独立ではなく，売るためには必然的に仕入による支払が生じ，営業上の結びつきがある。このような理由により，事業にとっての正味の投資額は，その営業資産から営業負債を差し引いた正味の金額となる。

③事業活動関連項目（貸借対照表・損益計算書）

　事業活動関連に着目すると，財務諸表を組み替えることにより，事業資産残高が明確になる。こうして，現在の事業活動における事業投資額の水準を把握することができる。また，事業投資残高を組替後の損益計算書の事業利益（NOPAT）と対応させることにより，事業投資に対してどれだけ利益を生んでいるかという利回り（ROI）を求めることができる。このROIと要求利回りである資本コストとを比較することによって，ROIが資本コストを超過している（超過収益力がある）か，すなわち，事業価値を創造しているかという分析も可能になり，こうした価値行動に整合した結果を把握することも可能になる。企業価値を評価するという観点からも，この組替による分析は不可欠である。このことについては，後ほど「4.財務比率分析」による検証で説明する。

2．事業戦略と会計数値の関係（戦略とビジネスの理解）

　実績の会計数値を基礎として計画上の会計数値が合理的かどうかを判断するためには，実績数値の背景にある会社の戦略を理解する必要がある。戦略と実績数値の関係を明らかにすることが，将来の会計数値の合理性を検討する第一歩である。

　筆者が遭遇した，会社の戦略と会計数値の関係から見て合理性の疑わしい2つのケースについて紹介したい。

（1） 合理性が疑わしいケース

①Ｖ字回復型計画

　抜本的な改革を根拠とした事業計画がある。過去の実績推移と比較して，計画期以降において極端に業績が上向くパターンである。かなり楽観的に計画が作成されている場合や，もともと売却を目的とし，はじめから売却価値を前提として作成された場合の事業計画に見受けられる。

　過去の実績は当然，戦略の結果と判断できることから，次期以降の当該戦略方針や次期の計画への影響もあるはずである。しかしながら過去との連続性を前提に検証した場合に，明らかに合理性に欠けていることがある。

　また，新規事業による業績への期待が，全体の将来の業績に大きく加算されているケースも珍しくない。まだ実績がないにもかかわらず，資本コストを上回るような超過収益力を見込んでいる計画が加わっているのであれば，その結果を「期待」キャッシュフローとする妥当性について，慎重に確認しなければならない。

②過去の一時的な影響が基礎となっている計画

　ある計画において，一見して過去の財務諸表と予測財務諸表の間に連続性が保たれているように見えるが，実際にはそうでないケースがある。

　例えば，リストラ引当金の戻しなどが費用から控除されたことで，直近期に一時的に高い利益率を実現しているにもかかわらず，それ以降の期の計画も同様に高い利益率で策定されているような場合である。

　上記の２つの計画に共通しているのは，目先の数値だけを捉えたり数値目標ありきで計画を立案したりすることに計画の主眼がおかれ，会社・事業そのものと財務数値の関連性の実態については深く洞察されていな

い点である。当然，実行可能性について疑問が生じるような計画となっている。

また，会社への投資を判断するために事業計画をベースに評価した株式価値を時価総額と比較したい，という投資家のニーズに応える場合，あるいは会社の経営企画の立場から，自社が想定している価値よりも市場株価が明らかに低いのでマーケットに情報発信をしていきたい，という場合などに，会社自身の事業計画の開示は有益であるが，そもそも上記の2つのケースのように事業計画の数値の合理性が低い計画であれば，市場における自社の説明としても不十分であり，適切なIR（投資家向け広報）活動にはならないであろう。

このように，将来の会計数値の検証は，会社・事業の将来数値の前提と根拠だけではなく，将来数値と過去の実績値との関連性において検証したものでなければならない。

(2) 戦略と財務数値の関連性

戦略と財務数値の関連性については，大きく分けて1）から3）の3つの視点がある。

1）過去数値と戦略・施策の関係の理解

会社がこれまでどのような戦略・施策をとってきて，その結果，なぜ直近の業績に至ったのかを理解する。

2）推移・変動要因と将来数値の把握

会社を取り巻く経営環境に，今後どのような変化の可能性があるか。また，どのような兆候が見受けられ，それは将来の業績にどのような影響を与え得るのか。

3）成長戦略と将来数値の関係

会社は将来的にどのような戦略・施策をとる可能性があるのか，それらは将来数値にどのように反映されていくのかを把握する。

①将来数値のモデル

1）については，「(1)合理性が疑わしいケース」で述べた通りである。

2）の環境の変動に対する将来の業績への影響を推し量る際には，対象事業についての簡便的なモデルを想定することで，将来数値への影響を概観することが分析の一助となる。

一部の例外を除けば，戦略が一定のもとでは，売上高の成長率がプラスのまま推移し続けることは，まずあり得ないであろう。これは，超過利潤を巡る競合会社の参入，会社自体の規模の拡大等の要因から，環境に何も変化が起きなければ，定常状態においては成長率が0に収束すると考えられるためである。

〈店舗開発型モデルの例〉

例えば，年商100万円の店舗を毎年5店舗ずつ出店した場合の翌年以降の売上成長率を確認してみよう。なお，ここでは店舗の耐用年数を10年とし，毎期500万円ずつ売上高が増加する出店計画とする。このまま推移すると，将来の売上成長率はどうなるであろうか。まずは売上高の推移は**図表2-6**のようになり，毎年500万円ずつ増加し，10年以降に5,000万円で一定となる。

■図表2-6　売上高推移シミュレーション

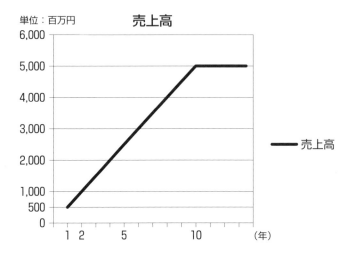

一方，各年の売上成長率は**図表2-7**の通りとなる。

■図表2-7　売上成長率のシミュレーション結果

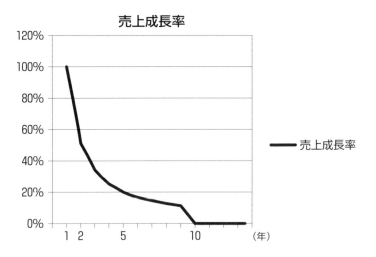

1店舗当たりの売上が10年間一定であったとしても，全体の売上成長率は大きく減少し，10年以降の売上成長は0となる。

　上記のような条件であった場合売上成長率が0％に収束するが，もし，売上成長率が高いレベルで維持される計画であれば，その計画の根拠についての確認が必要なことに気づくであろう。このように，単純で現実的なモデルを想定して，その数値と乖離があった場合には，その合理性を検証する。

　2）の将来業績の見方において，仮にこれまでの業績が維持されていたとしても，需要が減少し競争が激しくなる兆候ないし傾向があれば，販売のためのコストがかさみ利益が減少する可能性が高い。逆に，高いブランド力や他社に真似できない技術の競争優位性が保てるようであれば，現在の（またはそれ以上の）収益が維持できる可能性もある。こうした判断は，表面的な数値を見るだけでなく，数値の原因となる事業との関係を明らかにしなければ不可能であることがわかる。

②各年度の損益計算書の見方
〈ソフトウェア開発事業の例〉
　ここでは，将来数値を見誤る例を示す。
　ソフトウェア開発とその後の4年間のメンテナンスサービスを請け負う事業の財務実績が，**図表2-8**の通りであるとする。仮に，このまま推移したとすると6年目の売上・営業利益の水準は，どの程度になるであろうか。

■図表2-8　ソフトウェア開発事業の財務実績例

年度	実績					予測
	1	2	3	4	5	6
売上	500	700	800	830	920	??
営業費用	700	700	700	700	700	700
営業利益	−200	0	100	130	220	??
売上成長率		40%	14%	4%	11%	??
営業利益率		0%	13%	16%	24%	??
利益成長率	*	*		30%	69%	??

　5年間の売上・利益推移を一見すると，この事業は，成長事業のように見える。売上をコンスタントに伸ばしており，利益率も上昇している。6年目の営業利益は，直近期220よりも高い水準にあるようにも思われる。この事業では，開発されたすべての案件に対して4年間のメンテナンス契約が付されており，売上は，開発売上とメンテナンス売上で構成されている。1件当たりの単価は，開発が100でメンテナンスは40であるとする。

　図表2-9に示す（前提条件）の通り，メンテナンス事業の単価は一定であり前年と変わらないが，開発売上の単価・件数がともに減少しており，開発事業の環境が厳しい状況にある。

■図表2-9　ソフトウェア開発事業の売上内訳実績

（前提条件）

年度		実績					予測	
		1	2	3	4	5	6	7
開発	単価	100	100	100	90	80	80	80
	件数	5	5	4	3	3	3	3
メンテナンス	単価		40	40	40	40	40	40
	1年目開発		5	5	5	5		
	2年目開発			5	5	5	5	
	3年目開発				4	4	4	4
	4年目開発					3	3	3
	5年目開発						3	3
	件数合計	0	5	10	14	17	15	10

　この前提条件のもとでの損益計算書の実績及び予測値は**図表2-10**の通りとなる。

■図表2-10　ソフトウェア開発事業の損益実績

損益計算書

	実績					予測	
年度	1	2	3	4	5	6	7
開発売上	500	500	400	270	240	240	240
メンテナンス売上		200	400	560	680	600	400
売上合計	500	700	800	830	920	840	640
営業費用	700	700	700	700	700	700	700
営業利益	−200	0	100	130	220	140	−60

　5年目の状況がそのまま持続した場合には、6年目の予測利益は220よりも低い140、売上は840と算定され、1年前の水準にまで減少し、7

年目にはさらに悪化することがわかる。以上のように，表面上の利益の推移だけでなく，その背後にある事業との関係を正確に捉えなければ，将来数値の合理性を確認できないことがわかる。

　3）成長戦略における新規事業の計画数値には，時に楽観的な見込みが反映されているケースが少なくない。そのためにも，新規事業が織り込まれている将来数値は区別して把握し，どの程度の超過収益力を見込んでいるかを明らかにする必要がある。ここでいう超過収益力とは，価値にプラスを与える影響額を指す（利益を上げている計画であっても，必ずしも価値をプラスにしているとは限らない。詳しくは，第Ⅱ部第4章参照のこと）。

③批判的な視点を持つ

　事業と利益・キャッシュフローの関係を把握するに当たり，直接的にその情報へのアクセスが制限されている場合でも，上場会社であれば決算説明会・中期計画説明会などで公表される資料を見ることができ，メディア・アナリストらのレポートにまとめられていることもある。どういった状況においても，会社の説明を鵜呑みにせず，会社の想定とは異なる見解，批判的な視点を持つ必要がある。

　これらを踏まえた上で，将来予測の合理性を検討する。会社が描く計画に従えば競争優位性が保たれる合理性はあるのか，またバリュードライバーの改善に合理的な根拠があるのか，そして兆候から鑑みて売上高の伸びは適切な水準かなど，合理的な数値の範囲から将来予測の妥当性を検討する必要がある。

3．「利益の質」項目評価

　来期も同程度の利益を実現すると判断するかは，公表された利益の内

容による。

　例えば，利益数値に一時的な利益の要素が多く含まれていれば，来期の利益数値が同程度になる可能性は低いと考えられるし，反対にキャッシュに裏付けられた利益が毎期経常的に得られていれば，来期の利益が同程度とも推測し得る。このように同じ利益額でも，その内容によって来期以降，期待する利益の程度は異なる。

　将来利益を予測するに当たって，参考にすべき過去の利益実績の内容を，一般に「利益の質」（Quality of Earnings）という。「利益の質」という用語は，将来を見通すことを必要とする価値評価の実務から生まれた言葉である。

　簡単な具体例を用いてこの「利益の質」の考え方を概説する。

（1）「利益の質」評価の具体例
①営業利益の構成要素の比較

　ここで，A社・B社・C社の3社を想定する。A社・B社・C社は，いずれも営業利益100とし，この営業利益100の構成要素（費用の内訳）が異なっている（**図表2-11**）。

■図表2-11 「利益の質」の考え方

P/L	A社	B社	C社
売上高	1000	1000	1000
売上原価	600	500	500
(うちリストラ引当金戻入)	−200		
売上総利益	400	500	500
営業費用	300	400	400
(うち固定資産売却益)			−100
(うち一時的な試験研究費)		200	
営業利益	100	100	100
営業利益/売上高	10%	10%	10%
(うち減価償却費)	100	100	50

「利益の質」の評価

	A社	B社	C社
営業利益	100	100	100
減価償却費	100	100	50
表面上のEBITDA	200	200	150
表面上のEBITDA/売上高	20%	20%	15%
(利益の質評価調整)			
引当金戻入計上分	−200		
一時的な試験研究費		200	
固定資産売却益修正			−100
修正後EBITDA	0	400	50
修正後EBITDA/売上高	0%	40%	5%

　各社の表面上のEBITDA（営業利益＋減価償却費）を見ると，A社・B社はともに200に対して，C社は150である。

　A社のEBITDAには，引当金の戻し200が含まれているが，これを除けば0となる。引当金の戻しは，過去に過剰に設定した引当金の減額修正により生じたものであるから，現在の事業活動には関連しない損益である。したがって，事業の収益性を評価するためにはこれを控除したほ

うが将来の利益を見るために適切であるといえる。

　次に，B社のEBITDAには，一時的に発生した多額の試験研究費200が含まれている。この200は正常なレベルを超えて発生した一過性のものと考えられるため，今後の収益性を判定するために控除する。

　C社のEBITDAには，固定資産売却益修正100が含まれているが，これも一時的なものであるため，今後の収益水準を把握するためには，同様に差し引く。

　以上より，A社，B社，C社の営業利益が同じ100と表示されていたとしても，このような調整を行うと，正常な利益水準は，A社が0，B社が400，C社が50となり，各社の正常な利益水準が大きく異なっていることがわかる。

　財務諸表上，同額の利益が計上されていたとしても，「利益の質」に違いがあれば，将来獲得する利益水準は異なったものとなる。このように，たとえ財務諸表上の報告利益が同じであっても，「質」が違えば，事業価値も当然異なるのである。

②企業価値評価法：株価倍率法

　企業価値評価法のなかには，当期純利益の倍率であるPER（株価収益率）やEBITDA倍率を用いて行う方法もある。これはマーケット・アプローチによる方法であり，一般に「株価倍率法」と呼ばれている。具体的には，同業他社の時価総額ないし時価総額から算定した企業の市場価額に対する利益の倍率（PERやEBITDA倍率）を計算し，対象会社の利益に乗算して会社の価値を算出する。ある会社（A社）の株主価値を同業他社（B社）の時価総額を参考に評価する例で考えてみる。B社の株価（1株当たりの価値）が1株当たりの当期純利益の10倍（すなわちPERが10倍）であったとき，A社の1株当たりの当期純利益が50

円だとすれば，A社の株価（1株当たりの株主価値）は50の10倍で500円と算定される。

　この評価方法は，とても簡便に価値評価できるため，実務的にもよく用いられている。ただし，この計算の前提は，比較対象が双方同等の利益成長率を持つ事業であるというだけでなく，倍率のもととなる当期純利益やEBITDAの「利益の質」も同程度であるという暗黙の前提に基づいている。A社とB社の「利益の質」の違いの要素（すなわち，利益の算出過程そのもの）について考慮されていなければ，求められた価値は，実態とかけ離れた評価結果となる。

　したがって，将来を見通して価値評価をする上では，どのようなレベルの利益であるにせよ，「利益の質」について考慮しなければ合理的な価値評価は行えない。

（2）「利益の質」指標と将来利益数値の評価

①「利益の質」項目評価：時系列，平準化，会計発生高，価値関連性

　近年，会計研究者の間で「利益の質」に関する研究が盛んに行われており，さまざまな「利益の質」についての評価項目（尺度）が提案されている。Perotti and Wagenhofer [2014] の論文は，代表的な「利益の質」項目とそれに関連する指標の定義を，**図表2-12**のように整理している。右欄にて示す影響の方向性は，一般に指標の数値が大きいほど利益の質が高い場合が＋（プラス），指標の数値が大きいほど利益の質が低い場合が－（マイナス）を示すことになる。

■図表2-12 「利益の質」インデックス表

項目説明		定義	影響の方向性
時系列			
1	持続性	β 値：$NIBE_{i,t} = \alpha + \beta NIBE_{i,t-1} + \varepsilon_{i,t}$	＋
2	予見可能性	R2（説明係数）：$R^2_{From} NIBE_{i,t} = \alpha + \beta NIBE_{i,t-1} + \varepsilon_{i,t}$	＋
平準化			
3	平準化1	標準偏差比率：$\sigma(NIBE) / \sigma(CFO)$	＋
4	平準化2	相関係数：$\rho(ACC, CFO)$	＋
会計発生高			
5	異常発生高	残差の絶対値：$ACC_{i,t} = \alpha + \beta_1(\Delta REV_{i,t} - \Delta AR_{i,t}) + \beta_2 PPE_{i,t+1} + \varepsilon_{i,t}$	－
6	会計発生高品質	残差の標準偏差：$CACC_{i,t} = \alpha + \beta_1 CFO_{i,t-1} + \beta_2 CFO_{i,t} + \beta_3 CFO_{i,t+1} + \varepsilon_{i,t}$	－
価値関連性			
7	利益反応係数	β 値：$RET_{i,t} = \alpha + \beta_1 NIBE_{i,t} / P_{i,t} + \varepsilon_{i,t}$	＋
8	価値有用性	R2（説明係数）：$RET_{i,t} = \alpha + \beta_1 NIBE_{i,t} / P_{i,t} + \varepsilon_{i,t}$	＋

注）図表中で用いられる定義式の各記号は以下の意味を示す。
・NIBE：（異常項目控除前の）当期純利益
・CFO：営業キャッシュフロー
・ACC:会計発生高（運転資本増減＋減価償却費）
・△REV：売上の変動額
・△AR：売掛金の変動額
・PPE：有形固定資産残高
・CACC:運転資本増減高
・RET：会計期末時点から3ヵ月間の株価収益率

出所：Perotti and Wagenhofer [2014]。

　まずは，**図表2-12**の1，2の「時系列」から見る。「利益の質」項目の〈持続性〉及び〈予見可能性〉では，前期の利益から当期の利益をどれだけ説明しているかの程度（β値）と説明力を測る指標：説明係数（R2）によって評価している。来期の利益が当期利益の何倍（β値）かがわかり，かつ説明力（R2）が高ければ，統計的に利益実績から来期利益（維持可能性）を利益実績のβ倍で推測できる可能性（予見可能性）が高いといえる。

　3，4の「平準化」項目は，利益の変動の程度を示した指標である。〈平準化1〉では，一般的に，キャッシュフローの変動（σ（CFO））に比べて利益の変動（σ（NIBE））は低く，将来的に利益変動が低いほ

うが，将来利益を予想しやすくなることから，「利益の質」が高いとしている。〈平準化２〉では，利益とキャッシュフローの差である会計発生高（ACC）と営業キャッシュフロー（CFO）の相関係数を指標としている。相関係数が高いことは，「利益数値」が大きいほど，営業キャッシュフローも大きい関係にあることを意味する。長期的な「利益数値」と営業キャッシュフローは一致するという観点から見れば，利益数値は営業キャッシュフローの大きさによって平準化されているともいえ，営業キャッシュフローに裏付けされた利益は「利益の質」が高いといえる。

　5，6の項目である「会計発生高（アクルーアル）」とは，下式に示すように利益とキャッシュフローとの差額のことである。会計発生高が大きければ，キャッシュの裏付けのない利益額が大きいということである。長期的には，いずれ，キャッシュの累計額と利益累計額が一致することを考えると，会計発生高の取り崩しによって，将来の利益が利益実績より小さくなる可能性が高いという解釈ができる。

　　（会計）利益＝キャッシュフロー ± 会計発生高

　なお，会計発生高の指標としては，事業の要因により発生するとした（非裁量的）会計発生高のモデル（$\beta_1(\triangle REV - \triangle AR) + \beta_2 PPE$）を想定し，モデルで計算された理論上の会計発生高と実績値との差額（残差 ε）の大きさを異常な会計発生高として推計している。その残差（裁量的会計発生高）が大きければ利益の質が低いという解釈によるものである。また，営業キャッシュフロー（CFO）から推定する運転資本変動総額と実際の変動額（CACC）の差額（残差 ε）の標準偏差〈会計発生高品質〉が大きければ「利益の質」が低いという。

　最後の項目7，8の「価値関連性」は，利益が公表されることによっ

て，どれだけ株価が変動するかを表した指標である。利益の質が高いほど株価と相関性が高いという解釈であり，その大きさは，PER（株価収益率）実績と利益の感応度〈利益反応係数〉（β値）とその説明力〈価値有用性〉（R2）によって測定されている。

　以上のように，学術研究においては，こうした「利益の質」項目が影響を与える市場の株価のアノマリー（軋み）の程度の把握を目的として，「利益の質」指標の整理がなされている。一例としては「利益の質」が高いほど株式リターンが高くなるという仮説についての実証である。具体的には，各社利益の「利益の質」項目での評価を前提として，株式価値に比べて割安になっている銘柄を見つけ，そのパフォーマンスを測定する。

　このような研究成果は，会計数値から市場全体の会社の「利益の質」項目を統計的に把握する点で個々の企業分析とは異なるが，「利益の質」がどの程度個別の企業の価値と関連しているか，という大まかな視点を提供してくれる。

②平準化，会計発生高を見誤る例

　会計数値がどの程度企業の価値と関連しているかという指標は，その利益数値をそのまま将来の会計数値として評価可能かどうかの判断材料となる。もし，「利益の質」が低ければ，実績の利益数値から将来の収益力を評価することの信頼性も低下するといえる。

　ただし，個別企業の利益の生成過程は各々異なり，必ずしも「利益の質」の指標が高いことで「利益の質」も高い（低い）と自明的に結論付けることはできない。

　例えば，平準化された利益は一般に「利益の質」が高いという解釈ではあるが，Ⅲの1．のインデックス社の例にもあるように，利益操作の

結果，平準化されている可能性も考え得る。もしそうであれば利益操作によって平準化された利益は，価値評価の観点からはむしろ「利益の質」が低いものといえる。

　また，実務上，「会計発生高」は将来の利益の維持可能性を検討する上で，とても有用な指標となり得る。一時的な投資支出によって，一時的にキャッシュフローが計上される利益よりも小さく（会計発生高がプラスに）なるが，その後，回収に転じることを考慮すれば，会計発生高はマイナスに転じ，長期的には０に収束すると推測できる。

　会計発生高が長期間にわたってプラスに推移すれば，回収以上の投資が行われると考えられるので，成長が持続する。一方，それほど成長が持続していないにもかかわらず，会計発生高が長期間にわたってプラスに推移していれば，投資の減損リスクを増加させているかもしれない，あるいは，会計操作によって，資産を水増ししているかもしれないと推測できる。

　会計発生高の増加が以上のような要因によるものであれば，公表された利益の持続性は疑わしいため，より個別の分析が必要になる。

　これら「平準化」，「会計発生高」の指標で指摘したことからもわかるように，個々の企業の「利益の質」の検討においては，指標の結果を単に自明的に取り扱うものではなく，その指標自体の個別の検証が必要である。これは価値評価に「利益の質」指標が役立たないということではない。「利益の質」の生起原因を確認することが重要であるように，指標の結果がその会社の「利益の質」分析に対して追加的な視点・注意を与えてくれることから，「利益の質」指標を見ることは，大変有意義なことである。

4．財務比率分析

（1） 将来会計における財務比率分析の2つの意義

財務比率分析には2つの意義がある。

1点目は，財務数値を比率に置き換えることによって，将来計画の検証のポイントが明らかになることである。それは，過去の財務比率と計画上の財務比率を比較することで，大きな差異のある箇所が明確になり，計画の合理性について確認すべき点がクローズアップされるからである。

2点目は，1章Ⅲ2．(5)で示したように，予測財務諸表を作成するときに財務比率が用いられることである。

対象会社の過去の財務比率の分析を進めていくと，比率の水準と推移の特徴に気づく。例えば，ある会社では，過去，ほぼ数年にわたり，資産回転率が一定の水準で推移していることがわかっているとする。この場合，事業環境がそのまま継続すれば，将来の資産回転率の水準は，過去の資産回転率の水準とほぼ同水準であろうと推察できる。しかし，資産回転率が大きく上昇している計画になっているならば，投資計画の根拠を明確にし，投資の過少計上の可能性を確認することになる。

このように，将来会計の水準を推測もしくは検証するためには，過去の財務比率の分析は有用である。

（2） 将来計画の検証のための財務比率分析

将来の計画には必ずマネジメントの意図が反映されているが，投資・M&Aの際に売却対象会社から提出される事業計画や，グループ会社が策定した計画や予算が，目的によっては，「現実的な予測」よりも「楽観的な予測」になっている場合もある。

簡単な例として，買収先の会社の実績と売手のアドバイザーが提示した将来計画を示す（**図表2-13**）。

〈アグレッシブな事業計画例〉

■図表2-13　アグレッシブな事業計画例

財務実績

	実績	計画			
	0期	1期	2期	3期	4期
（貸借対照表科目）					
現金預金	434	406	466	679	1,139
事業資産	2,824	2,658	2,496	2,304	2,051
有利子負債	1,833	1,402	973	568	284
純資産	1,425	1,662	1,989	2,415	2,906
（損益計算書科目）					
売上	5,260	5,730	6,080	6,420	6,710
NOPAT	316	275	361	448	501
当期純利益	252	237	327	426	491
（財務指標）					
NOPAT/事業資産	11%	10%	14%	19%	24%
売上/事業資産	1.86	2.2	2.4	2.8	3.3
NOPAT/売上	6%	5%	6%	7%	7%

　財務数値を一瞥しただけでははっきりしないが，比率に直してみると，この計画がいかにアグレッシブに作成されたものかが見えてくる。この例では売上利益率（NOPAT/売上）は6％で，実績と計画を通してほぼ一定で推移している一方，事業資産に対する利益の割合（投資利益率：NOPAT／事業資産）に注目すると，11％だった実績が最終期には倍以上の24％となっている。その原因は，1.86倍であった資産回転率（売上／事業資産）が，最終期には倍の3.3倍になっていることによる。

　計画財務比率と比較する財務比率を，過去の財務比率の推移だけでなく，同業他社の財務比率とするのも参考になる。計画財務比率が比較対象の財務比率よりも大きく乖離している場合には，計画の合理性について注意すべきである。

M&Aの対象企業の価値評価に用いられる計画を検証する際に，最終期に大きな改善が見込まれている財務数値は，特に注意が必要である。なぜならば，最終期の過度に改善された財務数値は，企業価値をより過大に見積もる原因となるからである。その理由は第Ⅱ部の第4章「Ⅱ．継続価値評価」にて改めて説明する。

（3）　代表的な財務比率：ROE（株主資本利益率）指標

　ROEは，株主から投資された資金（株主資本）を使用して利益を生み出しているかを示す指標であり，以下の式で定義される。

$$ROE = \frac{当期純利益}{株主資本}$$

これは，最終的に，企業に投資した株主の投資利回りを示しているともいえ，企業業績の総合的な指標でもある。

　ROEは，市場が求める資本コスト（株主資本コスト）（第Ⅱ部の第4章Ⅲ．以降を参照）と対応した指標であるといってもよい。

　もし，将来のROEが株主の要求利回り（株主資本コスト）よりも高い利回りであれば，ROEが株主資本コストに等しくなるように株主価値が上昇し，将来のROEが資本コストよりも低い利回りしか稼げなければ，株主価値は下がるというように，将来のROEの水準は，株主価値を決定する要素である。

　以上のように，企業価値の向上と，将来のROEの向上は大きく関係している。そのため，ROEが企業の数値目標として取り上げられていることも多い。

　最近では，すでに触れた通称，伊藤レポート（経済産業公報／経済産業調査会編［2014］）においても，ROEを経営指標に落とし込むことで高いモチベーションを引き出し，中長期的にROEの向上を目指す必要

性が提言されている。その報告書には、目標ROEは8％以上であると具体的に明記されている。

しかしながら、ROEの向上が、必ずしも、将来の企業価値の向上に直結するものではないことに注意しなければならない。

有利子負債の割合（負債比率）を増加させる（＝財務レバレッジを高くする）ことにより、ROEは向上する。具体的な施策として、借入金として調達した資金での自己株式の買取りや、配当の増額により株主資本を減少させることが挙げられる。

確かに、有利子負債の割合を増加させることによって、ROEは向上する。しかし、同時に会社の倒産リスクを増大させ、さらなる要求利回り（株主資本コスト）が上昇することもある。ROEよりも株主の要求利回りが高くなれば、株主価値を毀損させる結果にもなりかねない。

そのため、ROEの向上が果たして株主価値の向上を後押ししているのかを分析するためには、ROEを要素別に分解して分析する必要がある。

ROEの分解式には、従来の分解式と、その欠点を補った組替財務諸表のもとでの分解式がある。

（4） 従来のROE分解式

一般に広く使われている従来のROE分解式を以下に示す。

$$ROE = \frac{当期純利益}{売上高} \times \frac{売上高}{総資産} \times \frac{総資産}{株主資本}$$

＝売上高当期純利益率×総資産回転率×財務レバレッジ

上記の分解式に示している通り、ROEは、売上高当期純利益率、総資産回転率、財務レバレッジに分解することができる。売上高当期純利益率は、その会社の収益性を示している。総資産回転率は、総資産残高

に対して売上が何倍稼ぐか，という資産の効率性を示している。それは，売上に対して総資産が少なければ，資産の効率性が高いことを示す指標である。財務レバレッジは，株主資本に対して，総資産を何倍有しているかという負債の活用度合いを示している。すなわち，総資産の倍率が高ければ，それだけ負債による調達の割合が高いということであるから，負債の利用度が高いということになる。負債の利用度が高ければ，それだけ業績が悪化したときに倒産する確率が高くなるため，安全性を示す指標であるともいえる。このように，ROEは収益性×効率性×安全性を示す企業業績の総合的な指標であるといえる。

〈従来のROE分解式の問題点〉

しかし，上記に示した分解式には次のような問題がある。第1に，事業活動・財務活動・非事業活動（例えば売却・廃止予定の事業活動）の要素に分解されていない。よって，ROEと事業投資による利益率との関係を正確に捉えることができない。すなわち，ROEの変動要因が，事業投資利益率の向上によるものか，それとも単に財務レバレッジを上昇させたことによるものかは，従来の分解式では把握することができない。

第2に，効率性を示す指標として総資産回転率が用いられているが，この指標は，事業に投下した資産の効率性を必ずしも適切に示していない。

それは，1．（2）②内の〈正味運転資本〉にも記述しているように，営業サイクルのなかでは，営業負債は営業資産による資金の回収によって支払いが行われることになり，営業資産と営業負債は営業上一体の関係にある。

よって，営業資産から営業負債を差し引いた正味の投資資産金額を分

母とするほうが，資産回転率として，より事業の効率性を示していると考えられる。さらに，総資産には通常，余剰現金や金融資産など事業に直接関連しない資産も含まれている。資産回転率が，事業上の資産効率性を適切に示すためには，分母の資産から，事業に関連しない資産を除いたほうがよい。

第3に，財務レバレッジの算出には，グロスの負債金額が用いられているが，負債金額のなかには，先ほどの営業負債のように正味の投資資産として把握すべきものが含まれているほか，余剰資金（余剰現預金や短期投資などの有利子負債の返済原資となるもの）の存在も考慮されていない。そのため，株主以外からの資金調達の活用度合いを正確に把握できていない。

以上より，事業と財務・非財務を区分した組替財務諸表によるROE分解式が求められる。

(5) 組替財務諸表をもとにしたROE分解式

そこで，**図表 2-4，2-5**に示した組替財務諸表を基礎としてROEを分解すると以下のようになる。これは，K.G.パレプほか著，斎藤監訳［2001］において示されている分解式を基礎とし，若干の修正を加えて非事業活動の影響も分解して，把握できる指標である。

$$ROE = \left(\frac{NOPAT}{売上高}\right) \times \left(\frac{売上高}{正味事業資産}\right) + (営業ROA - 税引後実効利子率)$$

$$\times \left(\frac{正味有利子負債}{株主資本}\right) + \left(\frac{非事業利益}{非事業資産} - 営業ROA\right) \times \left(\frac{非事業資産}{株主資本}\right)$$

$$= 営業ROA + 財務スプレッド効果 + 非事業資産貢献度$$

この分解式では，営業ROA（NOPAT／正味事業資産）が事業の成果を，財務スプレッド効果がファイナンスの成果を，そして非事業資産貢献度が非事業資産の成果をそれぞれ示している。最初の営業ROAは，事業に投下した資本がどの程度の利益を生み出しているかを示しており，ROIC（投資利益率）と同一である。この営業ROAの指標は，企業価値を算定するときに用いられる加重平均資本コスト（WACC）に対応した指標となる。

(6)　財務スプレッド効果

　財務スプレッド効果では，有利子負債の利用によるレバレッジの効果を把握することができる。財務スプレッド効果をさらに，財務スプレッド（利益率と負債利子率の差）と正味財務レバレッジの割合に分解することで，財務スプレッドの大小によって，有利子負債の利用がプラスの効果を生むのかが把握できる。すなわち，利益率が負債利子率よりも高ければ，レバレッジが高いほど，ROEはプラスになる。その逆であれば，負債比率が高いほどROEはマイナスになる。

　なお，正味有利子負債は，有利子負債と余剰資金をネットした金額をベースに算定し，財務スプレッドは，営業ROAから税引後の実効利子率（財務費用から財務収益を控除し，税引後の正味財務費用を正味有利子負債額で除して算定）を差し引いて算定される。

　このように，スプレッドと正味財務レバレッジの割合による関係から，この会社の財務効果ないし財務リスクを明らかにすることができる。

(7)　非事業資産貢献度

　非事業資産貢献度は，事業活動にも財務活動にも関連しない非事業活動のROEに対する貢献度合いを把握する。

非事業資産の利回りが必要要求利回りよりも低い場合には，非事業資産を保有することによって企業価値を毀損させると判断され，利益処分の一環として株主に配当などの形で還元する方策を取るべきであるといったようなことが示唆される。

　このようにROEを分解し，事業，財務，非事業資産の貢献度合いを明確にすることで，各活動における将来予測もしくは予測の検証のための基礎情報を提供する。

〈事業分析事例：三井不動産の例〉

　ここでは，具体的な例を通して財務比率分析の意義について説明する。**図表2-14**は，三井不動産の過去11期間（2004年度〜2014年度）の有価証券報告書の数値を用いて，ROEの分解式による財務比率の推移を示している。

　これによれば，同社のROEは，08年3月期までは上昇傾向を示していたが，09年3月期から12年3月期まで下落を続け，直近2期は再び回復傾向を示している。全体の水準は営業ROAの動きに連動しているが，財務レバレッジ効果が相当程度寄与している期もある。非事業資産貢献度は一部の期を除いてあまり重要とはなっていない。

　営業ROAは，10年3月期に大幅に下落している。営業ROAをNOPAT利益率と正味事業資産回転率に分解すると，NOPAT利益率が同時期に大幅に下落したためであることがわかる。同社の有価証券報告書によれば，リーマンショックの余波で分譲事業の利益が大きく落ち込んだことを主な要因としている。NOPAT利益率は，その後緩やかに回復しているが，営業ROAの回復はやや遅れている。これは，正味事業資産回転率が，14年3月期に回復が見られるものの，それまで悪化傾向を示していたためである。資産効率の悪化要因の詳細は分析を行わなけ

■図表2-14 財務指標推移関連図

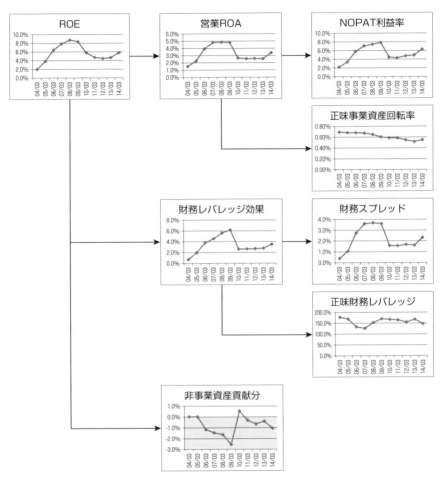

出所:三井不動産の有価証券報告書より,次世代型財務分析システムLaplace(ZECOOパートナーズ)を使用して筆者作成。

ればわからないが,事業資産の主要部分が賃貸用設備であり,13年3月期と14年3月期には賃貸資産に関する減損損失が計上されていることから,賃貸事業において資産効率が悪化している可能性が考えられる。14

年3月期に正味事業資産回転率が上昇に転じるとともに営業ROAも上昇しているが，この回復が一時的なもので再び下落傾向を示すようであれば，今後も減損損失が計上されるかもしれないというリスクが浮かび上がる。

上述のように営業ROAは，純粋な事業活動の投資利益率を示す指標であるが，事業に投下された資本のコストとの比較を行うことで，その事業が価値を生みだしているかどうかがわかる。

同社のWACCの値（必要要求利回り）を仮に5％程度と想定すると，10年3月期以降の営業ROAは4％以下であるため，この期間は企業価値が毀損していたことになる。

〈企業価値の毀損とは〉

ここにいう企業価値が毀損するという意味を，単純化して説明する。

100円投資し，必要要求利回り5％（すなわち平均的に5円の利益を生む）の投資に対して，実際の利益が永久的に毎期4円しか稼がないとすると，当初あった100円の価値は以下の計算により80円の価値となり，20円の価値が毀損したということを意味している。

投資の価値：$100 \times 4\% / 5\% = 80$（円）　⇔　20円棄損

財務レバレッジ効果を見ると，07年3月期から09年3月期に4～6％と比較的大きな貢献があったが，その後は3％前後で推移している。これは，07年3月期から09年3月期は財務スプレッドが高かったためである。財務スプレッドは，税効果考慮後利子率（実効税率は40％として算定）が1％程度で安定的に推移しているなか，07年3月期から09年3月期に営業ROAが上昇するのに連動して上昇している。同社の場合，直

近の10年間は常に財務スプレッドがプラスで推移しているため，正味財務レバレッジが150％前後に増幅されたプラスの財務効果を得ている。一方で，150％のレバレッジによるリスクについても考慮しなければならない。

　以上のように，ROEはこれを分解して利用することで，収益性，効率性，安全性などの複数の観点からの実績を把握することができる。しかし，ROEの増加・減少の原因分析では，「利益の質」指標と同様に，その背後にある会社の事情を個別に分析する必要がある。当然ではあるが，指標だけで財務状況の実態及び将来性を正確に把握できるわけではない。

　ROEの分析は過去分析の切り口の1つであり，さらには次に述べる正常性・維持可能性の分析が必要である。維持可能性にも関係するが，企業価値は，「成長性」，「収益性」，「効率性」という3つのバリュードライバーの水準に左右される。ROEには，「成長性」を示す指標が含まれていないため，企業価値の分析のためにはROEに加えて成長性の分析が必要になる。

5．正常な収益力・維持可能性の検討（正常収益力分析）
（1）「正常収益力」の把握の必要性

　ここまで，1.では財務諸表の組替作業を行い，2.で財務諸表数値と事業との関連を分析し，そして3.で「利益の質」の項目を評価し，4.では財務分析を行った。いずれも計画数値の検証を目的として，将来の利益ないし財務数値の推測の程度を把握するためである。これらの分析で得た情報をもとに，将来継続する（維持可能性）利益の水準を，実際に評価する（数値化する）のが「正常収益力」評価である。ここまで行ってきた過去分析の集大成ともいえる。

分析対象の情報をどの程度入手できるかにもよるが，調査の段階において，こうした「正常収益力」の評価が行われる。

正常収益力評価の目的は，将来の利益数値の出発点を求めることである。より厳密には，成長性を加味した上で，このまま推移すれば将来の利益数値の「期待値」になり得る「正常収益力」を評価するのである。

正常収益力とは，実務上使用される言葉であり，明確な定義は存在しないが，「異常な取引，過去に行われた取引のうち将来にわたって生じない取引，一時的に生起した取引を除外し，将来の正常な取引によって生じる利益」といえる。

（2） 営業利益は正常収益力ではない

営業利益は，事業から生じる利益であり，かつ，正常性のある利益であるといえるから，営業利益を正常収益力とみなしてよいのではないかという疑問がわくかもしれない。しかし，2つの点で営業利益は，正常収益力と決定的に異なる。

まず1つ目に，営業利益は財務諸表作成者の立場からの主張であり，必ずしも事業上の正常な利益のみを含んでいるとは限らない。実際に，営業利益が黒字であるにもかかわらずボトムラインの利益が赤字で推移しているような例では，損益計算書内での利益操作を確認すべきである。Ⅲの1．のインデックス社の例からも，営業利益を良く見せようとするインセンティブに駆られやすいことは認識しておくべきである。

2つ目は，営業利益は過去の利益実績であり，将来の利益から見た正常性・維持可能性の観点で計上されている利益ではないことである。したがって，将来会計の検証には，正常収益力を改めて評価する必要がある。

(3) 正常収益力評価事例

具体的に、過去の実績値から正常収益力を評価する事例を2つ挙げて説明する。

〈事例1：リストラ関連費用〉

（概要）

- 会社は07/3期及び08/3期にかけて粗利率が悪化し、これに伴って業績が悪化している。
- このため、09/3期にリストラを実施し、特別損失にリストラ関連費用30百万円を引当計上している。
- 10/3期において、09/3期に引当計上したリストラ関連費用のうち、原価に関するものについて7百万円の戻りが生じたため、当該金額を売上原価から控除している。
- 営業外損益はすべて金融関連損益とする。

事例1の損益計算書の数値を**図表2-15**に示している。

一番下段の見かけ上の利益（EBITDA）推移を見てみると、09/3期に比べて10/3期のEBITDAは大幅に改善している。これはリストラによる改善効果という見方もできる。しかしながら、売上原価にはリストラ引当金の過大計上の戻りが含まれていることが判明した。そこで、正常な収益力を把握するために、リストラ引当金の影響を調整したのが**図表2-16**である。

■図表2-15　正常収益力分析事例1：損益計算書

(損益計算書)

単位：百万円	07/3期(実績)	08/3期(実績)	09/3期(実績)	10/3期(実績)
売上高	120	120	120	120
売上原価	71	74	78	71
売上総利益	49	46	42	49
粗利率(%)	41%	38%	35%	41%
販管費	35	35	35	35
営業利益	14	11	7	14
営業外利益	5	5	5	5
営業外費用	10	10	10	10
経常利益	29	26	22	29
特別利益	9	8	5	8
特別損失	5	5	30	6
税引前当期純利益	33	29	−3	31
法人税等	13	11	−1	12
税引後当期純利益	20	17	−2	19
減価償却費	10	10	10	10
EBITDA	24	21	17	24

（粗利率が回復しているように見えるが……）

（EBITDAも大幅に回復しているように見えるが……）

■図表2-16　正常収益力分析事例1：調整事項

(損益計算書)

単位：百万円	07/3期(実績)	08/3期(実績)	09/3期(実績)	10/3期(実績)
売上高	120	120	120	120
売上原価	71	74	78	71
調整	−	−	−	+7
調整後売上原価	71	74	78	78
売上総利益	49	46	42	42
粗利率(%)	41%	38%	35%	35%
販管費	35	35	35	35
営業利益	14	11	7	7
減価償却費	10	10	10	10
EBITDA	24	21	17	17

（調整後の粗利率は回復していない）

（EBITDAも回復していない）

（調整）

・10/3期の売上原価から控除されているリストラ関連費用の戻し7百万円は，一時的なものであるので，除外する。

この調整の結果，改善したかに見えた利益も，実際は09/3期とほぼ変わらず横ばいであることがわかる。この場合の正常収益力は17であり，計画において17よりも高い利益を計上していれば，高い利益が計上されている合理的な根拠を確認すべきである。

〈事例2：在庫評価〉
（概要）
- 会社は08/3期から売上が低迷している。
- しかし，固定費を吸収するために売上実績を考慮せず，生産数量は維持している。
- 在庫は販売の見通しが立っていない。

事例2の損益計算書とキャッシュフロー計算書を**図表2-17**に示す。

この会社は，低迷しながらも利益を出しているが，営業キャッシュフローは年々赤字になっている。販売可能性を考慮せずに在庫を積み上げることで，利益が出ているように見せかけているためである。

それを踏まえて調整したのが**図表2-18**である。

（調整）
- 販売の見通しの立っていない在庫について，評価損を計上する。

■図表2-17　正常収益力分析事例2：損益計算書・CF計算書

(損益計算書)

単位：百万円	07/3期(実績)	08/3期(実績)	09/3期(実績)	10/3期(実績)
売上高	100	90	80	80
売上原価	70	63	56	56
売上総利益	30	27	24	24
粗利率(%)	30%	30%	30%	30%
販管費	20	20	20	20
営業利益	10	7	4	4
減価償却費	8	8	8	8
EBITDA	18	15	12	12
税金	4	3	2	2
NOPAT	6	4	2	2

＜EBITDAを見るとプラスを維持しているが……＞

(キャッシュフロー計算書)

単位：百万円	07/3期(実績)	08/3期(実績)	09/3期(実績)	10/3期(実績)
NOPAT	6	4	2	2
減価償却費	8	8	8	8
運転資金増減				
売掛金	17	15	13	13
在庫	0	7	21	35
買掛金	12	11	9	9
		−7	−14	−14
営業CF		6	−3	−4

＜営業CFを見ると09/3期及び10/3期はマイナスになっている＞

■図表2-18　正常収益力分析事例2：調整事項

(損益計算書)

単位：百万円	07/3期(実績)	08/3期(実績)	09/3期(実績)	10/3期(実績)
売上高	100	90	80	80
売上原価	70	63	56	56
在庫評価損		7	14	14
売上総利益	30	20	10	10
粗利率(%)	30%	22%	13%	13%
販管費	20	20	20	20
営業利益	10	0	−10	−10
減価償却費	8	8	8	8
EBITDA	18	8	−2	−2
税金相当額	4	0	−4	−4
NOPAT	6	0	−6	−6

＜調整後のEBITDAを見ると09/3期と10/3期はマイナスとなる＞

参考(貸借対照表)

単位：百万円	07/3期(実績)	08/3期(実績)	09/3期(実績)	10/3期(実績)
現預金	31	25	5	−15
売掛金	17	15	13	13
在庫	0	7	21	35
固定資産	50	50	50	50
資産計	98	97	89	83
買掛金	12	11	9	9
資本	80	80	80	80
利益剰余金	6	6	0	−6
負債・資本計	98	97	89	83

在庫の評価損を計上した利益は－2となり、直近の正常収益力は－2ということになる。前年の利益12を出発点として計画が組まれている場合には、－2を基準に修正する必要がある。

以上のように、予測の出発点における正常収益力の妥当な水準を把握することにより、計画とのギャップを把握し、その合理性について検証することができる。

（4） 正常収益力の調整事項

正常収益力の調整事項を整理すると以下の通りである。
①一時的な損失／費用（評価性費用含む）／収益
②過去に継続していたが、将来廃止となる取引
③会計方針／会計単位の変更
④その他、将来に影響を及ぼす事項

①一時的な損失／費用（評価性費用含む）／収益

正常収益力は、正常な期間損益の算定結果である。そのため、一時的な損失／費用／収益については、これらがない場合と仮定して評価する。例えば、ある期間に発生した、突発的な訴訟に関する費用であるとか、大口顧客との非経常的な取引などは、当該売上などを取り除く必要がある。また、前年において引当金を過大に計上したために、翌年その引当金を取り崩した戻し益が計上されている場合などにおいても、正常な損益という観点から調整する。

②過去に継続していたが、将来廃止となる取引

将来廃止が決まっている取引が、過去の損益に影響を及ぼしている場合には、その影響額を把握し、それを除外しなければならない。例えば、

店舗の撤退や部門の閉鎖による利益の影響額は，将来の利益の維持可能性という観点からは，損益の実績値から当該売上，利益を控除する必要がある。

③会計方針／会計単位の変更

会計方針／会計単位の変更による利益の差額の修正である。会計方針の変更によって，利益の水準は変動する。そこで，一定の会計方針に統一して比較するためにも，会計方針の変更による利益の影響額を把握しなければならない。ただし，ここで注意しなければならないのは，会計方針／会計単位の変更と，それ以降の事業計画（予測財務諸表）の会計方針が一貫していることである。選択する会計方針そのものが，将来キャッシュフローに影響を与えるというわけではない。例えば，利益が減少する会計方針を選択すれば，元の会計方針の利益の利益率は減少する一方，資産が減少もしくは負債が増加する（資産回転率が増加する）だけであり，キャッシュフローそのものの見積り額が変わるわけではない。

しかし，実績数値と予測数値の間に会計方針／会計単位の一貫性がなければ，実績と予測財務諸表（損益計算書・貸借対照表）数値の推移の連続性が保たれない。つまり，実績から算出した「正常収益力」が，そのまま，計画上の「将来利益」の出発点とはなりえず，実績と計画の比較を困難にするものである。

④その他，将来に影響を及ぼす事項

期間の途中に新たに発生した取引であり，将来継続する取引であれば，将来の損益に影響を及ぼす取引である。例えば，期の途中に賃貸契約をした不動産収入があれば，年間の収益力を算定する場合に，年ベースの不動産収入に調整する。

このように，将来に影響を及ぼす取引で，かつ年間継続する取引となる可能性が高いものは，将来の正常な収益力の見積りに加える。

(5) 正常運転資本分析

「正常収益力」までは利益数値の正常性のみを取り上げたが，運転資本も同様に正常化のレベルを把握することが必要である。通常，滞留在庫がある場合には，その在庫が正常化した場合の在庫投資の水準，すなわち，正常在庫の資産回転率で評価しなければ，将来キャッシュフローを過少に見積もることとなる。なぜならば，計画を資産回転率実績で評価することは，常に滞留在庫分の投資が必要である，という前提で評価することと同じだからである。

(6) 正常性（期待値）と変動性（分散）の評価の区分

実務では，正常な取引と異常な取引とに区別することが難しい場合もある。この点は，評価を行う専門家の判断によるところとなる。取引の目的によっては，正常な取引か否かの判断が異なる場合もある。また，正常値を計算する過程において，実際の場面では，定性的な要因や状況から判断する場合もある。

いずれにしても，正常収益力を把握する目的は，正常収益力を出発点として，将来利益の「期待値」を算出するためである。また，変動性は，正常でなくとも，将来起こり得る事項であり，理論的には，将来の確率的なブレに近いものとして捉えることも考えられる。

将来利益の「期待値」を算出する過程で，場合によっては，「正常収益力」から取り除いた異常値を計画に加味して評価する必要も出てくる。これは，「測定」で説明する不確実性に対する問題でもある。

Ⅳ. 将来会計の検証のポイント

ここで，先述の将来会計の前提と併せて将来会計の検証のポイントを要約すると以下の通りである。

【将来会計の前提】
①予測財務諸表と過去の財務諸表との間に連続性が保たれているか
②新規事業投資が，既存事業の投資と区別されているか。新規事業投資に対する利益が，既存事業投資に対する利益と，区別されているか

【将来会計の検証】
③過去の利益及び財務諸表項目について，以下の5つの分析（「利益の質」分析）により，正常収益力評価を行い，計画を検証する。
　1．事業活動の区分（財務諸表の組替）
　2．事業戦略と会計数値の関係（戦略とビジネスの理解）
　3．「利益の質」項目評価
　4．財務比率分析
　5．正常収益力・維持可能性の検討（正常収益力分析）
④定常状態（将来どのような傾向にあるのか）の前提の合理性

なお，①と②については，第1章で将来会計の前提として，③については，本章のⅢ.「将来会計」検証のための5つの分析（「利益の質」分析）で説明した通りである。

④は，将来の傾向について，過去実績との間に，大きな乖離がないか検証することである。特に計画最終期の財務比率を，過去の財務比率や

同業他社の財務比率指標と比較してみるとよい。**図表 2 -13**の「アグレッシブな事業計画例」で見たように，実務上，計画最終期の財務比率が過去実績と著しくかけ離れた財務比率を示す場合には注意が必要である。なぜなら，価値を過大に評価するために，最終期の数値を恣意的に操作する場合があるからである。詳細は，第Ⅱ部第 4 章「Ⅱ．継続価値評価」にて述べる。

第3章

将来会計「見積る」
―業績予測＝予測財務諸表の作成のために―

Ⅰ．事業計画と業績予測

1．業績予測とは

　業績予測とは，会社のありのままの将来を「予測財務諸表」で表現することである。なお，「ありのまま」というのは，現時点から見た将来の「現実的な予測値」＝「期待値」という意味を含んでいる。

2．業績予測の必要性

　投資家が会社等への投資の際株式価値を把握する場合や，会社が他社との取引の可否を決定する場合，将来の資金繰りの見通しから信用リスク（倒産の可能性）を評価する場合などにおいて，業績予測は，有用な意思決定ツールとなる。

　会計数値の実績値としてのPER（株価収益率）などで投資評価をしたり，評点方式で信用リスクを把握するといったように，会社の将来を数値で計ることなく会社の価値や信用リスクを評価することに比べれば，本来，業績予測を行って評価するほうが合理的であるといえる。

3．業績予測の3つのレベル

　企業の外部者が，対象会社の業績予測を行うためには，限られた情報のなかで行うしかない。企業の内部者でなければ，完全にアクセス可能な情報のもとでの業績予測は難しい。

　情報の入手の程度に応じて，業績予測は以下の3つのレベルに分けることができる。

〈業績予測の3つのレベル〉
　①財務諸表の項目及び注記と外部情報のみを対象として予測する
　②財務指標の先行指標である非財務諸表項目から予測する
　③自社の内部分析を前提として売上等の個別計画を積み上げる（事業計画）

　外部者による業績予測の多くは，第2章Ⅲ.3.の「利益の質」分析（推定も含む）を踏まえた上での，①ないし②のレベルの業績予測である。③のレベルの業績予測は，会社内部による事業計画策定のレベルである。①や②の業績予測が限られた情報によるものであるからといって，決して，無意味というわけではない。「概算の予測は，詳細な分析に基づく予測値の近似値であることも多い」（パレプほか著，斎藤監訳［2001］）といわれているが，実務においても資金計画の策定プロジェクト等で共感できる言葉である。

4．事業計画と業績予測は異なる

　投資の検討などの際，対象会社に対して事業計画の策定を要請することがある。ただし，会社作成の事業計画があるからといって，業績予測などしても意味がない，というわけではない。業績予測は，事業計画の合理性の検討のためにも有用である。

　事業計画は，年度予算や目標計画といった経営者の意思や戦略，従業員のインセンティブプランを重視した社内・対外的なコミュニケーションツール等，何らかの目的に応じて策定されることが多い。一方，業績予測は，現状における実績から鑑みて会社の戦略を理解し，将来の会社をありのままに表現したものである。ありのままというのは，楽観的でもなく，悲観的でもない現実的な予測値と言い換えることもできる。よ

って，業績予測と事業計画とは，本来性格が異なるものである。

5．事業計画と業績予測は補完関係にある

事業計画の策定にもさまざまな取り組み方があるが，主として各部署からの積上げ・折衝などのプロセスを経た，ボトムアップアプローチが重視されている。一方，業績予測は，現在の状況が今後も継続する場合に財務数値がどうなるかを示した成り行きの予測を示すことに重きをおいている。事業計画を策定し，経営目標を定めるために，予測が必要であることはいうまでもない。

さらに，業績予測と事業計画とのギャップを把握し，事業計画から引き出される新たな情報（外部環境・内部環境・施策）のフィードバックと実行可能性の検討を経て，業績予測それ自体を修正することになる。

このように事業計画を策定する場合においても，目標と予測を明確に区分する上で，業績予測は重要な役割を持つ。業績予測と事業計画の相互の補完関係を図に示すと，**図表3-1**の通りとなる。

■**図表3-1　事業計画と業績予測**

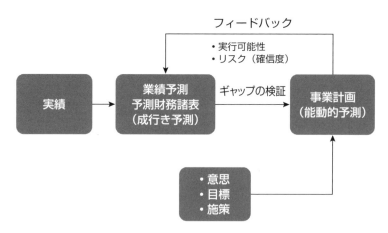

業績予測は,「予測財務諸表」を推計し,予測財務諸表に影響を与える新たな情報を入手して,それ自身の情報を更新するプロセスそのものである。

Ⅱ. 業績予測の基本的視点（将来予測）

　過去分析における「利益の質」項目評価を行い,過去の財務諸表数値の分析から業績予測を行う。より具体的にいえば,第1章のⅢ.2.で見てきたように,予測財務諸表は3つのバリュードライバー（成長性・収益性・効率性）で成り立ち,過去分析によりこの3つのバリュードライバーの水準を見積もることで作成される。

　ここでは,業績予測に関する近年の学術的な研究を紹介しながら,業績予測の基本的な視点について説明したい。

1. Lundholm and Sloan のフレームワークの紹介

　図表3-2は,Lundholm and Sloanによって提示されている,過去を分析した上で将来について体系的な予測を行うためのフレームワークである。

　ここでは,まず企業の成長性を考慮した売上高の予測を出発点とする。2つに分かれるプロセスの一方は営業利益率などの収益性を表す指標の予測であり,ここから営業費用,そして営業外費用が予測される。また,もう一方のプロセスは,資産回転率などの効率性を表す指標の予測であり,正味営業資産,そして正味金融負債が予測される。このようなプロセスを踏んで,損益計算書と貸借対照表が予測されるものとする。

■図表3-2　Lundholm and Sloanのフレームワーク

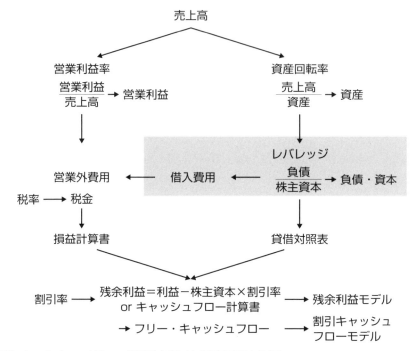

出所：Lundholm and Sloan［2004］に基づき，若干の変更を加えた。

　このフレームワークと第1章Ⅲ.2.（3）で説明した「予測財務諸表の数値モデル」とを比較してみると，「予測財務諸表の数値モデル」は，このフレームワークのうち，枠で囲んだレバレッジとそれから計算される借入費用を除いた他の部分を説明したものであるといえる。

　すなわち，「財務諸表の数値モデル」で説明した予測財務諸表に，レバレッジ及び借入費用の予測の前提をおけば，このフレームワークと第1章の「予測財務諸表の数値モデル」は同等になる。なお，第1章の「予測財務諸表の数値モデル」は，このフレームワークにレバレッジを一定とする暗黙の仮定に基づいて作成されたものと理解することもできる。

2．予測期間の基本的視点

　研究論文等で予測をする際には，算定する期間中の業績が安定しているという前提が設けられ，一般に用いられる予想期間は10年前後，もしくは日本の実務でも，5年程度の計画が多い。

　予測を行う期間が長期になればなるほど，不確実性も高まることになり，バリュードライバー水準も傾向値にて評価せざるを得ず，個別の数字を積み上げることの不透明さと手間とを比較すると，必ずしも有用であるとは限らない。そして，業績予測において，第2章Ⅲ.5.で述べたように，正常収益力・正常な運転資本の実績の水準がその予測の出発点となる。

　予測財務諸表においては，第1章で示したように形式的な数値間の合理性は確保され，かつ，予測値と正常収益力や正常運転資本との間に整合性が保たれていることが，合理的であることの必要条件であるといえる。合理的な予測財務諸表は，経営者が利害関係者に対して経営方針を数字で説明する，コミュニケーションツールにもなる。

　具体的にどのように予測するかは，状況に応じて，また，この分析の前段階で考慮された要因に基づいて決定される。

3．売上成長率の基本的視点

　大まかな傾向をつかむためには，売上成長率がどのように実現されていくのか考察する必要がある。第2章Ⅲ.2.(2)①の例として挙げた〈店舗開発型モデル〉では，毎年店舗を同数ずつ増加させるモデルの場合では，将来的に売上成長率は0に収束していく結果になる。

　一般的に，成長率や各財務指標は「平均回帰的傾向」にある。『企業分析入門　第2版』（パレプほか著，斎藤監訳［2001］）によれば，平均的に3年から10年以内に「正常なレベル」へ戻る傾向があることが知ら

れている。

　成長性に関して，上場企業全体での平均的な動きをみるために，ROEと売上高成長率について概観する。サンプルは，東証1部上場企業（金融・証券・保険を除く）のうち3月期決算の企業とする。1年目（ベース年度）を2006年および2011年3月期とし，売上高成長率もしくはROEのランクが高い順に10のポートフォリオ（PF）に分割する。その後の5年間で，各ポートフォリオの売上高成長率もしくはROEの平均値を求めた結果を**図表3-3**および**図表3-4**のグラフにしている。このグラフからは，売上高成長率もしくはROEが高い（低い）ポートフォリオの平均値も，2年目以降で他のポートフォリオと近い値に収束している，すなわち平均回帰の傾向がみられる。

　この売上高成長率の平均回帰の推移を示したものが，**図表3-3**である。

■**図表3-3　売上高成長率の平均回帰**

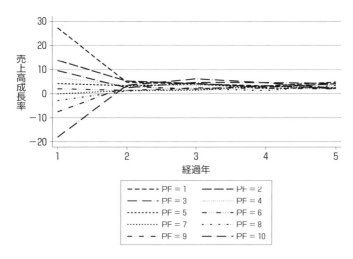

4．予測会計数値にかかる最近の研究動向

これまで，財務比率は概して「ランダムウォーク」もしくは「ドリフト付きランダムウォーク」の動きに従う，とした研究が多くなされてきた。

これに対して，ROI（投資利益率）やROE（株主資本利益率）などの指標が平均回帰傾向にあるという研究も多い。

図表3-4には，日本の株式市場におけるROEの平均回帰の推移を示している。

■図表3-4　ROEの平均回帰

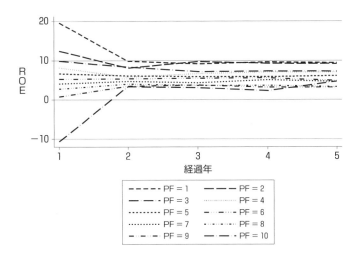

企業の利益率が平均回帰傾向を持つことは，会計学における実証研究の早い段階より指摘されている。特に，Fama and French[2000]以降，利益率が産業平均に向けて平均回帰傾向にあることが注目され，すでに学界の通説となっているところである。例えば，Healy et al.[2011]では，49カ国を対象としたデータによって，業界内での競争が激しい産

業においては10年ほどで、また競争が緩やかな産業では15年ほどでROEが平均回帰することを明らかにしている。他にも、投資利益率や売上利益率などが平均回帰傾向を示すとされている。企業における利益率の平均回帰の研究については、年度別分析、産業別分析、企業別分析など大日方［2013］に詳しい。

また、資産回転率、財務レバレッジ、正味利子率といった指標は、長期間一定と仮定することが合理的である。

「平均回帰的傾向」が仮定されれば、基準として用いられる平均的な予測を行うことができる（平均的な合理性を見る）。もちろん、平均的ではなく、それぞれの企業における特有の、もしくは個別の優れた（劣った）点を識別することも必要である。その根拠は「合理性のある根拠」に基づくべきである。

III. 将来会計「見積る」のまとめ

以上より、将来会計の「見積る」に関してのポイントは、次の通りである。

- 将来会計（業績予測）は将来の「実現値」を当てることではなく、また「目標値」でもなく、〈期待値〉である。
- 過去（正常収益力）を出発点として将来を推測する。
- 予測財務諸表の基本は3つのバリュードライバー（成長性・収益性・効率性）である。
- 大局的に見る場合に、まず過去分析による財務比率の仮定を用いる。
- 予測財務諸表の視点の一つとして、平均回帰傾向を考慮に入れる。

第Ⅱ部

「測る」将来会計による企業価値評価

第4章

DCF法による企業価値評価

Ⅰ. 企業価値評価の理論と実務

1．DCF法とは

　事業価値は，事業の将来の期待キャッシュフローを事業リスクに応じた割引率で算出する現在価値である。この定義にそのまま従って，「期待」キャッシュフローを見積もり，現在価値を計算する方法をDCF（Discounted Cash Flow）法という。定義のまま算定するという意味で，DCF法が最も理論的な方法といわれている。

　『企業価値評価ガイドライン』（日本公認会計士協会編［2007］）においては，企業において事業に関連性のない資産があることを考慮し，「事業価値」と「企業価値」とを使い分けている。**図表4-1**と**図表4-2**に

■図表4-1　企業価値の概念図

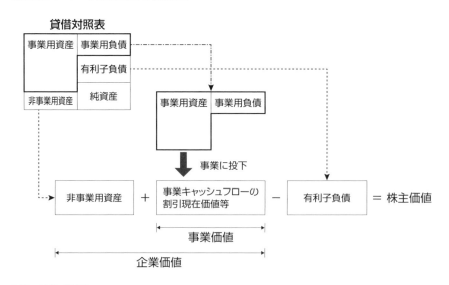

出所：竹原［2007］。

■図表4-2　企業価値概念

事業価値	事業から創出される価値	
企業価値	事業価値に加えて，事業以外の非事業資産の価値を含めた企業全体の価値	
株主価値	企業価値から有利子負債等の他人資本を差し引いた株主に帰属する価値	
	株式価値	特定の株主が保有する特定の株式の価値 例えば，ある株主が保有する普通株式または種類株式の価値

出所：日本公認会計士協会編［2007］，p.3（図表Ⅰ-2企業価値概念）より。

概念（図）を示す。

この**図表4-1**を式で表すと以下の3つの式となる。

①事業価値＝事業キャッシュフローの割引現在価値等

②企業価値＝非事業（用）資産（価値）＋事業価値

③株主価値＝企業価値－有利子負債

DCF法による企業価値の算出要素は，「期待キャッシュフロー」と「リスク」の2つである。

「期待キャッシュフロー」についてDCF法による評価では，理論的には，事業が創出する期待キャッシュフローをすべての期間で割り引いて現在価値を算出しなければならない。しかしながら，事業が存続する全期間にわたって期待キャッシュフローを見積もることは不可能なため，キャッシュフローが見積もれない期間については，「継続価値」という考え方を用いて評価する。

「リスク」についても同じく，現在価値の算出にあたってリスク相当分を割り引いて評価するというように，厳密には事業リスクに応じた割引率が適用される。しかしながら，適切な率を直接的に把握するのは難しいため，上場している同業他社の株価の変動率の観測値を根拠として

推計した値(「資本コスト」という)を用いる。

以上のように,期待キャッシュフローを理論的に求めるためには実務上の工夫が必要となる。**図表4-3**では,DCF法の場合の「理論の世界」と「実務の世界」とを対比をしている。

■図表4-3　理論の世界と実務の世界

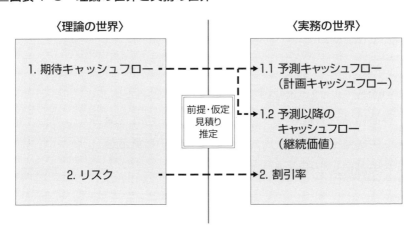

DCF法では,理論価値を求めるために,実務上,一定の前提・仮定をおいて計算しているのである。

実務における事業キャッシュフローの割引現在価値は,次の式に示す通り,予測キャッシュフローの割引現在価値に,継続価値を加えたものとなる。

事業キャッシュフローの割引現在価値
　＝予測キャッシュフローの割引現在価値＋継続価値

これらDCF法による価値計算のイメージを**図表4-4**に示す。

ここから,非事業資産の価値が0とすれば,企業価値の決定要素は,

「予測キャッシュフロー（FCF）」と「継続価値」,「割引率」の3つであることがわかる。

■図表4-4　DCF法による価値評価

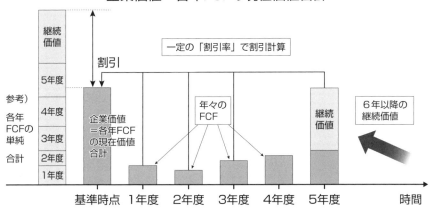

2．割引率（加重平均資本コスト）

企業価値評価のために用いられる割引率は実務上, 資本コストを用いる。この資本コストは一般的に, 以下の2つの前提により, 推計する。

(1) 加重平均資本コスト（WACC）を適用する

事業キャッシュフローの割引率には, 加重平均資本コスト（以下, WACC）を適用する。図表4-5で見るように, 事業キャッシュフローを稼ぐためには, 有利子負債もしくは資本を調達する。資金は, 株主資本により調達しても, 有利子負債により調達しても, それ自体同じであるが, 株主資本と負債では, 資金の提供者側が負うべきリスクが異なるため, 要求する利回りが異なる。

資本提供者は，事業で儲かれば配当という形で恩恵にあずかれるが，儲からなければ配当も期待できない。さらに，その会社が倒産すれば，負債の提供者に資金を返還した後の残余の財産をもってしか資金を回収することができない。一方，負債提供者はあらかじめ決められたスケジュールで資金の返還を受けることができる。しかも，その期間においては約定通りの利息を受け取る事ができ，会社が倒産した場合には，資本提供者よりも先に残りの貸付額を回収することができる。

■図表4-5　割引率と株主価値

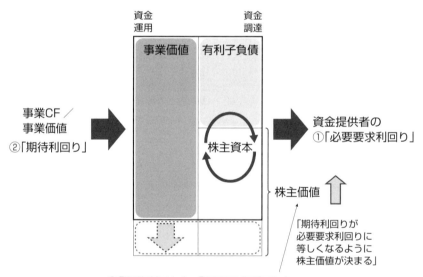

株主資本は負債に比べてリスクが高く,その分,株主の要求する利回り(資本コスト)も高くなる。以上のように,資本と負債は各々調達コストが異なるため,資本と負債の構成比率によって全体の資本コストが異なる。よって,全体の資本コストは,ある一定の資本負債比率を前提として,資本コストと負債コストを加重平均した資本コスト(**図表4－5**の資金調達側の円を描いて混ぜたイメージ)を用いる。この資本コストをWACCと呼ぶ。

資金提供者から要求される「必要要求利回り」(WACC)が事業から生じる「期待利回り」に等しくなるように,株主価値が決まる。したがって,「事業キャッシュフロー」に対応する割引コストとして「必要要求利回り」であるWACCを用いて,計算し,株主価値を求めている。

(2) 割引率は全期間通して一定の割引率を用いる

割引率の計算対象となる事業キャッシュフローは,継続事業(ゴーイングコンサーン)を前提とした,長期の事業キャッシュフローである。これに対応して,実務上の割引率は,長期的かつ平均的な利回りとし,一定とするのが一般的である。このように割引率の前提は,大変ざっくりとしている。毎期の資本構成率の変化を反映した毎期異なる資本コストを,割引率に適用する考え方などもあったが,一定のWACCの適用に比べて,あまり用いられていない。

それは,実務的な簡便さと理解の容易性,そして仮に,異なる割引率を適用した場合の前提の確からしさと算出される数値の精緻さ,がどの程度となるかを考慮し一定のWACCを用いるほうが,有効性が高いと考えられているからであろう。

WACCを利用するのが理論的であるとしても,Ⅲ.1.で後述するようにWACCは,株式市場で観測した実績データから,一定の仮定に基づ

いて計算した結果である。その計算は，実績と将来の事業リスクは同等であるという暗黙の前提に基づいている。

このようにWACCの計算結果は，上記の前提を根拠としてコンセンサスが得られた，おおよその推計値という性格のものである。

II. 継続価値評価

企業は継続することが前提であるから，理論的には，継続を前提としたすべての事業キャッシュフロー（以下，FCF）を見積もる。

しかしながら，存続期間すべてにわたる将来FCFを見積もることは不可能であるから，中期事業計画の策定期間から鑑みて，せいぜい5年から10年と予想する場合が多い。予測期間は，事業計画の策定期間，設備投資計画の想定期間や事業のライフサイクル期間等を考慮するが，長期になればなるほど，見積り数値の不確実性も高くなるはずである。

また，見積もる期間が長期にわたるほど，収集すべき情報にかかるコストと労力も多大になるため，たとえ不確実性の低減に寄与する効果を考慮しても，必ずしも有用とはいえない。

そこで，すべてのFCFを見積もることは困難である，という評価の限界を踏まえて，継続価値（Terminal Value：TV）を計算する。継続価値の評価は**図表4-6**に示すように，予測期間以後のFCFと割引率（WACC）で計算する。この予測期間以後のFCFは，継続価値算定期間初年度（n+1）のFCF及び長期的平均FCF成長率（g）を用いた前提に基づいて簡便的に計算されるという特徴がある。

■図表4-6　継続価値評価の要素

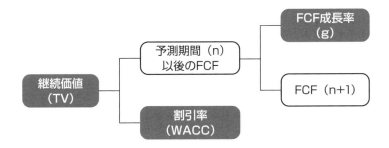

1．永久成長率法と倍率法（マルチプル法）

継続価値の評価方法には，一般に**図表4-7**のように2つの評価方法が用いられている。

■図表4-7　継続価値評価の方法

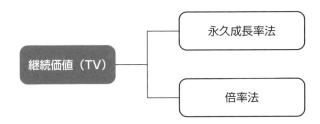

1つは，**図表4-6**に示した継続価値の要素であるFCF(n+1)に，FCF成長率(g)の値を仮定し，以下の継続価値の算定式から求める方法である。これを「永久成長率法」という。

〈永久成長率法による継続価値の算定式〉

$$継続価値(TV) = \frac{FCF(n+1)}{WACC - g}$$

もう1つは，予測最終期(n)の利益（例えばEBITDA(n)）に，市場で観測された同業他社の事業価値に対する利益の平均的な倍率を乗じる方法で，「倍率法（以下，マルチプル法）」である。継続価値算定期間初年度(n+1)期のEBITDAはn期のEBITDAに利益成長率g'を加味して推定している。

〈倍率法（マルチプル法）による継続価値の算定式〉

$$継続価値(TV) = EBITDA(n) \times (1 + g') \times 倍率$$

マルチプル法において同業他社の倍率を用いる根拠は，評価対象会社の予測期間以降の利益成長率と事業リスク（割引率）が，同業他社のそれらと同等であるという前提によるものである。

マルチプル法も永久成長率法と同様に，将来のFCF成長率と事業リスク（WACC）が，継続価値の決定要素となっている。しかし，永久成長率法とは異なり，倍率で求めた結果にFCF成長率がどれだけ見込まれているか，持続するFCFの水準はどの程度なのか，という具体的な仮定が明らかになっていない。そのため，マルチプル法においては，継続価値のFCFの前提がブラックボックス化しており，任意に選択された同業他社の倍率の水準によって継続価値の数値が操作されやすい点に注意すべきである。

2．永久成長率法による継続価値評価

永久成長率法による継続価値評価には，キャッシュフロー（FCF）に基づいた評価方法，そして利益（NOPAT）に基づいた評価方法（バリュードライバー方式ともいう）の2つがある。

■図表4-8　永久成長率法の種類

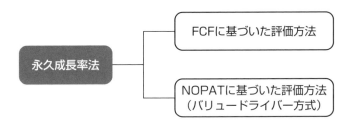

（1） FCFに基づいた評価方法

n+1期以降のFCFが，将来にわたって一定の成長率（g）で増加すると仮定する。

継続価値の計算式は先述の〈永久成長法による継続価値の算定式〉と同様である。

〈FCFに基づいた継続価値の算定式〉

$$継続価値(TV) = \frac{FCF(n+1)}{WACC - g}$$

（2） NOPATに基づいた評価方法

最終期（n期）以降のFCFの基礎となる利益（NOPAT）が，一定の

成長率（g）で増加すると仮定する。

この場合には，利益成長に伴って投資資産が増加することも考慮に入れる必要がある。継続価値は以下の式に示される。

〈NOPATに基づいた継続価値の算定式〉

$$継続価値(TV) = \frac{NOPAT(n+1) \times (1 - \frac{g}{ROI})}{WACC - g}$$

・ROI：新規投資に対する投資利益率（ROI＝NOPAT／投資資産）
・NOPAT(n＋1)：
　n＋1期の税引後事業利益(NOPAT)＝NOPAT(n)(1＋g)
・g：利益成長率
・n＋1期の利益の増加分による追加投資額：
　NOPAT(n+1)×g／ROI

次に，設例を用いて両者の評価方法を見る。

〈設例1：継続価値評価〔成長率が5％のケース〕〉
・NOPAT(n+1)＝100
・ROI＝NOPAT／期首資産＝10％
・利益成長率(g)＝5％
・投資支出(n+1)＝NOPAT(n+1)×g／ROI＝100×5％／10％＝50
・WACCは7.5％とする。
・FCFは上記のNOPATと投資支出から算出されたものとする。

■図表4-9　設例1：継続価値評価〔成長率が5％のケース〕

	n+1	n+2	n+3	n+4	n+5	n+6	……
NOPAT	100	105	110	116	122	128	
投資支出	50	53	55	58	61	64	
FCF	50	53	55	58	61	64	
FCF成長率		5％	5％	5％	5％	5％	
期首資産	1,000	1,050	1,103	1,158	1,216	1,276	
期末資産	1,050	1,103	1,158	1,216	1,276	1,340	
ROI	10％	10％	10％	10％	10％	10％	

〈(1) FCFによる評価方法〉

　FCF(n+1)／(WACC－FCF成長率) = 50／(7.5％－5％) = 2,000

〈(2) NOPATによる評価方法〉

　NOPAT(n+1)×(1－NOPAT成長率／投資利益率)
　= (100×(1－5％／10％)))／(7.5％－5％) = 2,000

　以上の数値例で示されるように，前提が同じであれば，FCFによる評価もNOPATによる評価も同じ結果となる。

　図表4-9に示すように，NOPAT成長率と投資支出の関係から導出したFCFの成長率の仮定による継続価値は，NOPATに基づいた評価方法の継続価値と等しくなる。この場合のFCF成長率は，NOPAT成長率と同様，5％となる。

　このFCFがNOPAT(n+1)とNOPAT成長率(g)と投資利益率(ROI)で算出されることと，売上，売上成長率と資産回転率，売上利益率で予測財務諸表を作成することとは，同じ意味をなしている。

　継続価値で用いるFCFを要素別に見ていくと，いずれも以下の算式に示すように，予測財務諸表の構成要素で説明することができる。

NOPAT(n+1) = 売上(n) × (1 + 売上成長率(g)) × 売上利益率(n+1)
NOPAT成長率(g) = 売上成長率(g)：売上利益率(n+1) = 売上利益率(n)
投資利益率(ROI) = 資産回転率(n+1) × 売上利益率(n+1)

■図表4-10　FCFと予測財務諸表の関係

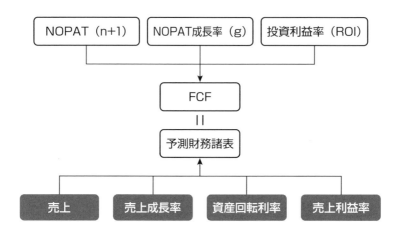

　したがって，継続価値で用いるFCFが上記の関係で定義されていれば，予測期間以降のFCFを評価することは予測期間以降の予測財務諸表そのものを評価することと同じである（**図表4-10**）。

　そもそも，FCFを直接見積もることは困難であり，FCFに基づいた評価を行うにせよ，NOPAT，NOPAT成長率・投資利益率といった将来会計数値を根拠に評価するほうが合理的である。

　その際FCF(n)に対して成長率(g)を加味したFCF(n+1)の連続性に注意を払うのではなく，(n+1)期以降に想定した予測財務諸表の連続性に注意を払うべきである。

　もし，継続価値の評価に際して，計算の基礎となるべき予測財務諸表の連続性が確保されていない将来会計数値が用いられている場合には，

その計算結果の見直しを必要とする。

〈設例2：継続価値評価〔成長率が0のケース〕〉

次にNOPAT成長率が0％の場合におけるFCFに基づいた評価，NOPATに基づいた評価の例を以下に示している（**図表4-11**）。

■図表4-11　設例2：継続価値評価〔成長率が0のケース〕

	n+1	n+2	n+3	n+4	n+5	n+6	……
NOPAT	100	100	100	100	100	100	
投資支出	0	0	0	0	0	0	
FCF	100	100	100	100	100	100	
FCF成長率		0%	0%	0%	0%	0%	
期首資産	1,000	1,000	1,000	1,000	1,000	1,000	
期末資産	1,000	1,000	1,000	1,000	1,000	1,000	
ROI	10%	10%	10%	10%	10%	10%	

FCFによる評価とNOPATによる評価は，ともに100／7.5％＝1,333となる。成長率0％のもとではNOPAT(n) ＝ NOPAT(n+1) ＝ FCF(n+1)の関係にある。

よって，FCF(n+1)がNOPAT(n)に等しいという前提をおくことができるのは，成長率が0％の場合に限定されていることがわかる。

成長率＝0の場合のみ，FCF(n+1)＝NOPAT(n)とする前提が成り立つ

①成長率の前提の誤り

上記に見るような利益と投資資産とFCFの関係を考慮せず，単に次期のFCFを当期のNOPAT(FCF(n+1)＝NOPAT(n))とおき，プラスのFCF成長率(g)を用いているにもかかわらず，追加の投資支出が加味

されていない場合は，価値評価をゆがめる結果となる。

例えば，実務慣行としてNOPAT(n)／(WACC−g)という定義により継続価値を求めている例が散見される。しかし，前述の通り，FCF(n+1) = NOPAT(n)が成り立つのは成長率0の場合に限るため，将来会計の合理性という観点からは，誤りである。このことは〈設例3〉の評価例を見ると明らかである。

〈設例3：継続価値評価〔投資支出が0のケース〕〉

■図表4-12　設例3：継続価値評価〔投資支出が0のケース〕

	n+1	n+2	n+3	n+4	n+5	n+6	……	n+20
NOPAT	100	105	110	116	122	128		253
投資支出								
FCF	100	105	110	116	122	128		253
FCF成長率		5%	5%	5%	5%	5%		5%
期首資産	1,000	1,000	1,000	1,000	1,000	1,000		1000
期末資産	1,000	1,000	1,000	1,000	1,000	1,000		1000
ROI	10%	11%	11%	12%	12%	13%		25%

図表4-12が示すように，20年後の投資利益率（ROI）は2倍以上の業績を仮定している。利益成長によって本来かかるはずの追加の投資支出が，まったく考慮されておらず，その分だけこの予測による継続価値は過大評価となっている。

②WACCとROIの関係

先述のNOPATに基づいた評価式にROI = WACCとした場合の評価式は，以下のように利益成長率0のNOPATの価値とまったく同じになる。

$$継続価値(TV) = \frac{NOPAT(n+1) \times (1 - \frac{g}{WACC})}{WACC - g} = \frac{NOPAT(n+1)}{WACC}$$

　資本コスト（WACC）と投資利益率（ROI）が等しい場合の継続価値は，必然的に利益成長率が０％時の価値に等しい。利益成長率(g)によるキャッシュフローの増加分の価値は０であり，利益成長率による価値が０より大きくなるのは，追加投資利益率がWACCを上回ったときである。よって，FCF成長率がプラスになるのは，将来にわたって，投資利益率がWACCを上回っている場合（すなわち超過収益力が正の場合）に限定されることがわかる。この現象は，次の残余利益法で説明する。

3．残余利益法による企業価値評価

　DCF法をはじめとした，将来に創出される期待キャッシュフローに基づく価値評価の方法を，総称して「インカムアプローチ」という。インカムアプローチのもう１つの方法に，「残余利益法（Residual Income Model：RIM）」がある（**図表４-13**）。

■**図表４-13　インカムアプローチ**

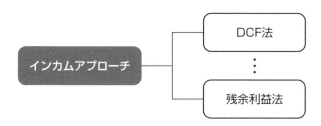

残余利益法とは，事業が創出する利益（NOPAT）が資本コスト額（正味事業資産残高に資本コスト（WACC）を乗じた金額）を上回る部分の超過利益（または残余利益）を割引計算して現在価値を求め，現時点の正味事業資産残高に加えて事業価値を算出する方法である（図表4-14）。

■図表4-14　残余利益法による価値評価

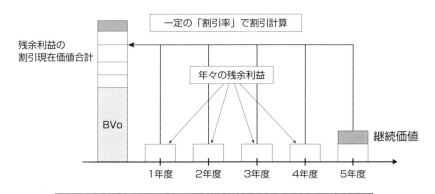

残余利益の算式は以下のように示される。

〈残余利益による企業価値の算定式〉

$$企業価値 = BV_0 + \sum_{i=1}^{n} \frac{NOPAT_i - BV_{i-1} \times r}{(1+r)^i} + \frac{TV}{(1+r)^n}$$

（非事業資産＝0，すなわち企業価値＝事業価値）

(1) 残余利益法とDCF法

　残余利益法とは，会計の発生主義に基づいて把握した超過利益分（利益のうち，事業資産に対する資本コストを超過した利益）をベースに評価する評価方法である。一方，DCF法ではキャッシュフローをベースに評価するため，DCF法と残余利益法の計算構造はまったく異なって見える。

　DCF法による評価に比べ残余利益法による評価は，事業価値に占める継続価値の割合が低い。すなわち，DCF法では先の継続価値のキャッシュフローを見積もって計算するため，企業価値に占める継続価値の割合が大きいのに対して，残余利益法では，残余利益の部分だけを合算するため，継続価値の割合が小さくなる。継続価値は，前提・仮定条件に大きく左右されるため，継続価値の割合の大きいDCF法よりも残余利益法が望ましいとの考えも見受けられるが，それは誤解である。

　両者の評価計算は，評価の対象となる予測財務諸表が同じであれば，まったく同じ結果となる。付属資料の「残余利益法とDCF法の計算の同値性」に示しているが，たとえ会計方針の異なる利益を計上したとしても，その影響が毎期の会計上の投資簿価に反映され，双方ともキャッシュフローの表現が異なるだけで，企業価値は同じになるからである。

　したがって，継続価値の計算に想定するキャッシュフローが同じという前提が用いられれば，DCF法でも残余利益法でも同じ計算結果となり，双方を比較すること自体には，まったく意味がない。

　価値評価において重要なのは，DCF法か残余利益法かの評価方法の選択ではなく，キャッシュフローの見積りの前提，ひいては予測財務諸表の前提の合理性である。

　先のFCFとNOPATの継続価値評価の〈設例1〉における，残余利

益法による価値評価を〈設例4〉として示す（**図表4-15**）。

〈設例4：残余利益法による継続価値評価（設例1と同条件）〉
- NOPAT(n+1)＝100
- ROI＝NOPAT／期首資産＝10％
- 利益成長率(g)＝5％
- 投資支出(n+1)＝NOPAT(n+1)×g／ROI＝100×5％／10％＝50
- WACCは7.5％とする。

■図表4-15　設例4：残余利益法による継続価値評価

	n+1	n+2	n+3	n+4	n+5	n+6	……
NOPAT	100	105	110	116	122	128	
投資支出	50	53	55	58	61	64	
FCF	50	53	55	58	61	64	
FCF成長率		5％	5％	5％	5％	5％	
期首資産	1,000	1,050	1,103	1,158	1,216	1,276	
期末資産	1,050	1,103	1,158	1,216	1,276	1,340	
ROI	10％	10％	10％	10％	10％	10％	

〈残余利益法による価値評価〉

> 企業価値(n期末)
> 　＝期首資産(n+1)＋(NOPAT－期首資産×WACC)／(WACC－g)
> 　＝1,000＋(100-1000×7.5％)／(7.5％－5％)
> 　＝2,000

　上記のように，残余利益法のn期末時点の企業価値評価を算出するとDCF法による継続価値評価と同じ結果になることが確認できる。

(2) 残余利益法から見た継続価値評価の前提

先述のように，残余利益法もDCF法も前提となる将来会計数値が同じであれば，同じ計算結果となる。継続価値評価の前提は，DCF法で用いた将来会計数値を残余利益法で用いるそれに置きかえる（残余利益法の言葉を使って，DCF法の継続価値の前提を説明し直す）ことができる。残余利益（NOPAT－資産残高×WACC）を使って，継続価値評価の前提を以下に整理する。

①予測最終期末の資産残高を継続価値とする場合

継続価値を事業資産残高とする場合を，成長率０の永久成長率法で表現すると，資産残高＝NOPAT／WACCと表すことができる。ここでは，NOPAT＝資産残高×WACCという関係にある。この場合，残余利益＝NOPAT－資産残高×WACC＝０となることを意味している。

定常状態が「競争均衡状態」であることは，超過利益が生じない状態すなわち残余利益が０である状態であるとされている。競争均衡の仮定のもとでの継続価値は，事業に投資された金額（資産残高）に等しくなるはずである。

よって，継続価値を予測最終期の事業資産計上額とするのは，将来の毎期の残余利益計上額は０，という仮定による。

②継続価値を予測最終期のNOPAT(n)／WACCとする場合

継続価値は，永久成長率法にて成長率０の仮定をおいた場合，継続価値＝NOPAT（n）／WACCとなる。残余利益はNOPAT（n）－資産残高×WACCとなる。よって，予測最終期の超過収益力が持続することを前提に評価している。

③継続価値を予測最終期のFCF(n+1)／(WACC－g)とする場合

さらに，キャッシュフロー成長率(g)を考慮した継続価値を用いるということは，成長分の利益による価値も含める前提である。残余利益法における継続価値は，超過利益が一定の成長率でさらに増加するという前提となっている。

以上より継続価値の前提を整理したものが（**図表4-16**）である。

■図表4-16　継続価値の仮定と超過収益力の仮定の関係

No	継続価値の前提	予測最終期以降の超過収益力
①	予測最終期末事業資産残高	超過収益力を0と見る
②	FCF成長率g＝0	利益成長に対しては超過収益力＝0
③	FCF成長率g＞0	利益成長に対しても超過収益力がプラス

①の仮定は，予測期間中は超過収益力があるが，最終期後(n+1)は超過収益力0となり，財務状況との関連性では，不連続が前提となる。②については，既存利益については超過収益がそのまま連続的に推移する。ただし，予測期間以降の利益成長分に対する超過収益力を0として見ている。③の場合は，成長分に対しても超過収益力が生じる（追加投資の利益率がWACCを上回る，すなわち価値を創造する）仮定となっている。

①から③の仮定で，下記の前提条件のもとで超過利益の推移を図に示すと以下のようになる（**図表4-17**）。

■図表4-17　①から③の継続価値の前提に見る超過収益力の仮定の推移

	ROA＝	10%					
	成長率g＝	5%					
	WACC＝	8%					

	n	n+1	n+2	n+3	n+4	n+5	n+6
NOPAT	100	105	110	116	122	128	134
投資支出	50	53	55	58	61	64	67
FCF	50	53	55	58	61	64	67
FCF成長率		5%	5%	5%	5%	5%	5%
期首資産	1,000	1,050	1,103	1,158	1,216	1,276	1,340
期末資産	1,050	1,103	1,158	1,216	1,276	1,340	1,407
ROI		10%	10%	10%	10%	10%	10%

②の場合 g = 0, ③の場合 g = 5％を用いている。

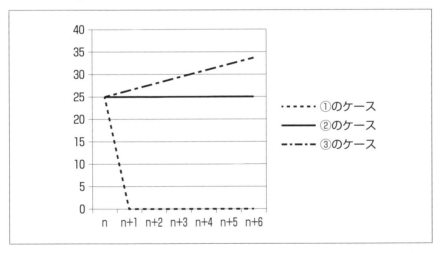

継続価値は，企業の成長性の実態と併せて，超過収益力がどの程度見込まれるのかという観点で評価が決まる。よって，どの評価の前提が適切かを，超過収益力の観点から検討する必要がある。

4．継続価値計算の仮定と予測最終期の業績

ここまで継続価値を評価するのに，最終期の予測FCFが合理的であ

るとして話を進めてきた。継続価値を算定する場合，予測最終期の数値を基礎に見積もられるケースが多いが，価値の過大評価を回避するため，過大に見積もられていないか注意する必要がある。

例えば，以下のようなケースである（図表4-18）。

■図表4-18　計画最終年度（予測最終期）の過大見積りの例

	実績	計画			
		1期	2期	3期	4期
現金預金	434	406	466	679	1,139
事業資産	2,824	2,658	2,496	2,304	2,051
有利子負債	1,833	1,402	973	568	284
純資産	1,425	1,662	1,989	2,415	2,906
NOPAT	316	275	361	448	501
NOPAT/事業資産	11%	10%	14%	19%	24%

図表4-18の実績の財務比率（NOPAT/事業資産）11％と計画4期の財務比率（NOPAT/事業資産）24％を比較するとわかるように，予測最終年度までに大幅に上昇する計画となっている。

特に予測最終年度の数値は，継続価値評価の要素でもあり，以下の点で過大に見積もりやすい傾向に注意する必要がある。

・予測期間において利益成長率が過大に見積もられると，最終期の業績が実態と比較して大幅に改善する計画となりやすい。
・予測最終期の見積りは翌年（1期）の見積りと比べて数期先の予測値のため，数期先の成長の結果と実態との数値がかけ離れていることに対して，将来のずっと先なので，さもありなんとして，違和感

を感じにくい。

継続価値の過大見積りの可能性を検討する際，業界動向，同業他社の傾向とも比較して，当該会社の予測最終期の財務比率が著しく乖離しているような場合（過去において一度も達成されたことのないような投資利益率が設定されているなど）には要注意である。

5．継続価値の検証のポイント

以上より，DCF法・残余利益法における継続価値の算定について見てきたが，検証の観点から留意すべき3点を以下に整理する。

①継続価値の仮定のFCFから予測財務諸表を想定し得る関係にあるかを確認する。
②継続価値の仮定として想定された永続的な予測財務諸表と，予測期間の予測財務諸表との間に連続性が保たれていることに注意する。連続性がない場合には，継続価値のおかれている仮定から，合理性の有無について確認すべきである。
③競争均衡の仮定＝「定常状態の仮定」と超過収益力が，継続価値にどのように織り込まれているかについて確認する。

Ⅲ．割引率の推計

割引率には，長期にわたって一定であることを前提とした加重平均資本コスト（WACC）が用いられている。割引率自体の正確性を求めるのはもともと不可能に近い。

さらに、一般的なWACCの推計について以下に述べるが、アプローチとデータのとり方によって割引率の推計値は異なるものである。

よって、正確な推計値よりもむしろ、推計のアプローチと割引率算定の仮定・前提に、関係者の間でコンセンサスが得られることが重要である。

1．加重平均資本コスト（WACC）

「WACC」を算式で表すと以下の通りとなる。

〈WACCの算定式〉

$$\text{WACC} = \frac{D}{D+E} \times (1-T) \times R(d) + \frac{D}{D+E} \times R(e)$$

D：有利子負債時価，E：株主価値（時価総額），R(d)：有利子負債コスト，
R(e)：株主資本コスト，T：実効税率

加重平均資本コストは資本構成比率の割合をもとに計算する。例えば、株主資本と有利子負債の構成比が1：2であれば、株主資本コストと有利子負債コストは1：2の割合で加重平均する。株主資本コスト、有利子負債コストと、この構成比がわかればWACCが算出できる。

ところで、WACCを算出する際の資本構成比率は、現時点の資本構成ではなく、長期的には一定になる目標資本構成比率を用いることが理論的とされている。つまり、対象会社の資本構成は将来、目標資本構成比率に収束するという前提に基づいて、1つの割引率で計算することが正当化されているのである。この目標資本構成比率が最も資本コストを最小化する最適な資本構成であるとする。

価値計算は，さまざまな前提に基づいて計算されている。この資本構成比率のように，実際のところ最適資本構成比率はわからないが，経済合理性に基づいた結果として裁定取引が生じないであろうとする仮想の前提が，価値計算には含まれている。

（1） 最適資本構成比率

本来，事業リスクに応じて有利子負債コスト・株主資本コストが決められているのであれば，理論的には，資本構成割合がいくらであろうと株主資本コストは一定である。

ところが，有利子負債コストである利息は，経費として損金算入することができ，支払うべき税金を節約できる（これを税効果があるという）一方，株主資本コストである配当は税務上，損金としては認められない。

よって，その税効果相当分だけ負債の比率を大きくすることによって，株主資本コストを節約することが可能になるが，それだけ負債を多く持つことにもなり，倒産リスクは増大する。理論上，負債比率を引き上げることによって，株主資本コスト・有利子負債コストともに増加することになる。結果として，資本構成比率の変化により，加重平均資本コストを最小にした構成割合が存在するというのが，最適資本構成比率が存在する根拠である。しかしながら，実際にはその対象会社の最適資本構成比率の測定は不可能であり，株主資本コストを算定するに当たっては，観測されている何かしらの資本構成が最適であるという前提をおかなければならない。

（2） 目標資本構成比率の実際の求め方

そこで，評価対象会社の同業他社の資本構成比率の統計値をもとに，対象会社の目標資本構成比率を決めるのが一般的である。

例として,不動産業を例とした資本負債比率(これをDEレシオ(デッドエクイティレシオ:Debt Equity Ratio:D/Eレシオ)と呼ぶ)を図表4-19に示している。

■図表4-19　不動産業のD/Eレシオ

(単位:百万円)

企業名	決算期	ネット 有利子負債 (1)	少数株主持分 (2)	株式時価総額 (3)	D/Eレシオ (1)/((2)+(3))
三菱地所	2015年6月	1,796,496	140,338	3,658,065	0.47
三井不動産	2015年6月	1,993,971	55,637	3,386,373	0.58
住友不動産	2015年6月	2,939,881	27,051	2,035,094	1.43
野村不動産ホールディングス	2015年6月	632,674	62,788	491,473	1.14

平均値	0.90
中央値	0.86
標準偏差	0.45
95%信頼区間	
上限	1.35
下限	0.46

不動産会社各社のD/Eレシオを右欄に示しており,下の欄に不動産のD/Eレシオの基本統計量を示している。平均値は0.90であるが,データのばらつき(標準偏差)を加味すると下限が0.46から上限が1.35の範囲である。もし,不動産業の会社の評価に資本構成比率の数値を採用するのであれば,どの数値を採用するであろうか。

0.90とするか上限下限の幅(0.46－1.35)で評価するか。それとも中央値の0.86で評価するか。そこには,個々のデータの解釈・判断が介在する。

一方,かつて実務においては,対象企業の資本負債比率(DEレシオ)を,計算した株主価値と有利子負債金額の比率によって求める方法もあった。しかし,株主価値を求めるにはWACCが算出されていなければ

ならず，また株主価値が判明していなければ，資本構成比率がわからないため，「WACC」を求めることもできない。よって，資本構成比率と株主価値を変数とする「WACC」と，WACCを変数とする「株主価値」が均衡する循環計算によって算出する（**図表4-20**）。

最適な資本構成比率をもとに資金調達が行われている前提下であれば，これがファンダメンタル（事業が生み出す企業の経済的な価値）に基づいた資本構成比率の理論的な計算方法であるともいえる。

■図表4-20　循環計算のイメージ

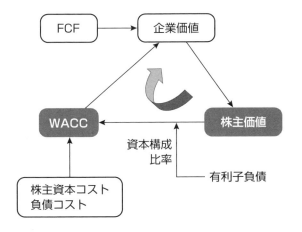

しかし，現実には，評価時点での最適資本構成比率を意識して資金調達が行われているとは限らない。また，こうした緻密な計算手法に対して価値計算は「資本構成は不変である」という前提である場合や，のちに述べる「株主資本コストの推計」の正確性から勘案すれば，実際には割引率計算の簡便性も意識して求めるであろう。実際には，同業他社の資本構成比率を参考に，適切な範囲を仮定して求める場合が多い。

(3) 株主資本コストの推計

「WACC」を計算する資本構成比率1つとってみても，ある仮定に基づいた推計であることがわかる。加えて，株主資本コストの推計についても，ある一定のモデルを使って推計する。モデルには「CAPM(Capital Asset Pricing Model：資本資産価格モデル)」というモデルのほかに，ファーマアンドフレンチの「3ファクターモデル」(Fama and French [1993])や，最近では，会計数値から資本コストを推定するアプローチ(Penman and Zhu [2016])が提唱されている。

ただし，実務上は，「CAPM」を用いて株主資本コストを推計するのが一般的である。

「CAPM」による株主資本コストの推計を算式で表現すると，以下の通りである。

〈CAPMによるWACCの算定式〉

$$R(e) = R(f) + E(R(m) - R(f)) \times \beta$$

- $R(e)$：株主資本コスト
- $R(f)$：リスクフリーレート(安全資産の利子率)
- $E(R(m) - R(f))$：株式市場リスクプレミアムの期待値
- β：ベータ値(個別株式の市場全体の動きに対する感応度)

上記の各パラメータ（①$R(f)$：リスクフリーレート②β：ベータ値③$E(R(m)-R(f))$：株式市場リスクプレミアムの期待値）については，具体的には以下のステップにより求めている。

①リスクフリーレート（①）の観測・株式市場リスクプレミアムの期待値（③）の算出

　対象会社への株式投資の際に要求する利回りは，リスクのない利回り（以下リスクフリーレートという）よりも当然大きいはずである。この株式全体の要求利回り（R(m)）とリスクフリーレート（R(f)）の差の期待値を「株式市場リスクプレミアム」という。式で表現すると以下の通りである。

〈株式市場リスクプレミアムの算定式〉

$$株式市場リスクプレミアム = E(R(m) - R(f))$$

　実務上，リスクフリーレート（R(f)）には，長期国債，とりわけ10年物を用いる場合が多い。他の長期国債に比べて流動性が高く観測可能であること，また国債は，国のデフォルトリスクのみを有することから，ほぼ無リスクレートとみなせることによるものである。

　株式市場の平均的な利回り（R(m)）は，TOPIX（東証株価指数）などの市場のインデックスの利回りが開示されているため，これを用いる。もしくは，過去数十年からのリスクプレミアムの統計数値を，情報機関から入手する。

②β値（②）の推計

　株式全体の変動率に対する，対象株式の変動率の感応度βを推計する。具体的には**図表 4-21**に示すように，縦軸に対象となる個別の株価の変動率，横軸にTOPIXなどの市場インデックスの変動率をおき，回帰直線を求めて，傾きβを計算したものである。

　この回帰式のβの意味するところは，株式市場全体の価格が変動した

割合に対して，対象株式が変動する割合である。例えば，$\beta = 1$の場合には，株式全体が平均的に10％変動すれば，対象株式も平均的に$\beta \times 10$％＝10％変動する。

ここでは例として，キヤノンのβ値の推計値を示す。

■図表4-21　β値の推計値例

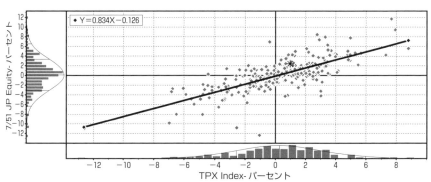

出所：キヤノンの株価変動率とTopixの変動率の回帰直線（5年の週次ベース）。

図表4-21は2012年1月27日から2017年1月29日までの5年間の週次で観測されたキヤノンの株価変動率を縦軸に取り，対応するTOPIXの変動率を横軸にとって，回帰直線を示したものである。左上に回帰直線$Y = 0.834X - 0.126$と示されているとおり，これにより，TOPIXに対するキヤノンの株価の感応度であるβ値は0.834となる。

市場平均的な株式の変動（TOPIXの変動）からβ値を算出して株主資本コストを求めなくても，投資対象の株主資本コストを，当該会社の過去の利回り実績の観測値から直接期待利回りとして求めることも考えられるが，ファイナンス理論上，それは過大評価であると考えられている。

ファイナンスの理論の世界では，他の複数の株式と組み合わせて投資

すること(ポートフォリオ投資)によって,ポートフォリオの個別の価格変動リスク自体を十分に低減できる(すなわち,リスク分散が十分に行われている)とされ,この効果は「ポートフォリオ効果」と呼ばれている。そのような状況下においては,分散が十分に行われたうえで,投資家が対象会社の株式に投資する際に要求すべき追加の株主資本コストは,株式全体の平均利回りに先のβ分を乗じた分であるということである。十分に分散して投資を行っている投資家を想定した資本コストを用いる理由は,それよりも高い期待利回りを要求すれば,当該投資家がそれより低い期待利回りで投資することになるから,この低い期待利回りに収束するであろうという前提に基づいている。

③ β値(②)の算出方法

対象会社が上場企業であれば,当該会社のβ値を用いることも可能であるが,非上場の場合は観測できない。また,当該会社のβ値のみを用いるということは,サンプルが1社ということになり,信頼性が低い。通常,対象会社の同業他社を複数選択して,各社のβ値の平均値等を算出して推定する(ここで,平均値等としたのは,実際の評価の過程では,状況を鑑みて異常値を排除したり,各社β値の分布から判断して中央値を用いたりと,β値の推定プロセスそのものにも判断が入るからである)。

そこで,次の**図表4-22**から**図表4-24**にて,先の不動産例で推定されるβ値の算出方法をもとに説明する。

まずは,**図表4-21**で示したキャノンのβ値の推計値の例と同じように複数の各々の同業他社のβ値を推計する。このβ値は,同業他社各々の資本構成比率に影響を受けていることから特にレバードβ値と呼ばれている。不動産例では,**図表4-22**の2列目に各社のレバードβ値が示されている。各社の資本構成比率(DEレシオ)がばらばらであること

から，いったん，各社の資本構成比率が100％（有利子負債がない状況）のもとでのβ値（アンレバードβ値）を算出したのが，**図表4-22**の右端の列のアンレバードβ値である。

その後，**図表4-23**が示すようにアンレバードβ値の平均値等を求め，**図表4-24**に示すように目標資本構成比率のもとでのβ値（レバードβ値）に計算しなおすという方法がとられている。

■図表4-22　不動産4社のアンレバードβ統計値

企業名	DEレシオ	レバードβ	実効税率	アンレバードβ
三菱地所	0.47	1.14	35.6%	0.87
三井不動産	0.58	1.17	35.6%	0.85
住友不動産	1.43	1.22	35.6%	0.64
野村不動産ホールディングス	1.14	1.07	35.6%	0.62

出所：2015年6月30日時点の財務データβ値。直近5年間の週次ベースで推計。

■図表4-23　アンレバードβ値の算出

平均値	0.74
中央値	0.74
標準偏差	0.14
95%信頼区間	
上限	0.88
下限	0.61

出所：図表4-22と同じ。

図表4-23からは，アンレバードβ値はほぼ0.61～0.88の範囲内ということがわかる。

これをもとに先の（**図表4-19**）目標資本構成比率の範囲（0.46－1.35）のもとでの株主資本コスト及び加重平均資本コスト（WACC）を

算出すると，図表4-24のようになる。

■図表4-24 株主資本コスト（上）・WACC（下）の算出

株主資本コスト		想定アンレバードβ				
		0.61	0.68	0.74	0.81	0.88
想定負債資本比率	0.46	5.94%	6.49%	7.03%	7.62%	8.21%
	0.68	6.50%	7.11%	7.72%	8.37%	9.02%
	0.90	7.06%	7.73%	8.40%	9.11%	9.83%
	1.13	7.64%	8.36%	9.09%	9.88%	10.66%
	1.35	8.21%	9.00%	9.79%	10.64%	11.49%

加重平均資本コスト		想定アンレバードβ				
		0.62	0.68	0.74	0.81	0.88
想定負債資本比率	0.46	4.47%	4.85%	5.22%	5.63%	6.03%
	0.68	4.39%	4.75%	5.11%	5.50%	5.89%
	0.90	4.33%	4.68%	5.03%	5.41%	5.79%
	1.13	4.27%	4.62%	4.96%	5.33%	5.70%
	1.35	4.23%	4.57%	4.91%	5.27%	5.63%

＊負債コストは2％（税引き前）と仮定して計算。

以上より，加重資本コストはおおよそ4.62％から5.50％という結果となった。

（4） 株主資本コスト推計の注意点

以上，株主資本コスト及びWACCの算出プロセスを概観してきたが，特に株主資本コストの推計には，以下のパラメータの取捨選択について，推計者の判断が介在するものといえる。

・リスクプレミアム（①）の観測期間の取り方によって値が変わる。
・β値（②）は，同業他社の選択及びその観測期間によって変わる。

- 流動性の低い（取引量が少ない）株式は，算出されたβ値自体の信頼性が低いため，β値の採択には判断が必要となる。具体的には，β値の決定係数R^2（株式の変動がβ値によって説明できる割合）が低いことから，どの程度β値に信頼がおけるかの判断が必要となる。

  なお，このR^2は，個別の株価変動率が株式市場全体の変動率によってどれだけ説明できるかその割合を示したものである。すなわちR^2が1を示すと，個別の株価変動率は，株式市場全体の変動率に比例していることを示し，R^2が0というのは，個別の株価変動率と株式市場の変動率とまったく関係がないことを示している。
- データの信頼度の観点からいえば，できるだけ長期の観測期間を取るほうがよいが，統計的な判断のみでコンセンサスが得られるかどうかは，その推計の対象の個々の状況にもよる。

以上のように，結局のところ，株主資本コストの推計値はさまざまな仮定のもとで計算された結果であり，実際にその仮定は，推計者の客観性をできる限り確保した主張と，利用者とのコンセンサスとによって決まるものであるといえる。

株主資本コストの推計値自体は，厳密な数値というよりは，上記の**図表 4 -24**にあるように幅のある大まかな推計値という性格のものであるから，範囲で示す場合が多い。

（5） 有利子負債コストの推計

理論的には長期間にわたる事業キャッシュフローの変動リスクに対応した有利子負債コストを求めることになる。有利子負債にとって，事業キャッシュフローの変動のリスクとは，事業により返済不能に陥るリス

クすなわち信用リスクを示す。具体的には，リスクフリーレートに信用リスク相当分をスプレッドとして上乗せして，有利子負債コストを算出する。

このように，事業の信用リスクが反映された利回りであることを前提に有利子負債コストを推計することが必要である。

例えば，不動産を担保として融資を受けた有利子負債のコストは，事業キャッシュフローに対する信用リスクを適切に織り込んでいるとはいいがたい。その場合，有利子負債コストの計算から除外するか，そのまま適用しないように何らかの調整をしなければならない。

(6) 割引率推計上の問題点

筆者の経験より，非上場株式の割引率の推定において問題が生じた事例を紹介する。

あるプロジェクトで，WACCを算定する公式に固執するあまり，計算対象が非上場株式のWACCであるにもかかわらず，国債レート（無リスクレート）とほぼ変わらないレートで価値評価が行われていた。

この事例の問題点は，対象会社の有利子負債コストの推定に際し，借入利息の支払実績をそのまま用いたため，有利子負債コストが著しく低いものとなっていたことである。

非上場株式のWACCが，国債レートとほぼ変わらないという算定結果は，常識的に見て誤りである。定式通り算出したということであったが，算出された数字は明らかに間違っている。このような数値に，当然，周囲からのコンセンサスは得られるはずがない。

観測値から得られた有利子負債コスト・株主資本コストを単純に式に代入して計算するのではなく，どの仮定に基づいた数値を用いるのが適切かという点と，全体から見た整合性という観点に基づいて，割引率を

推計する必要がある。

2．DCF法の2つの方法（エンティティ法とエクイティ法）

割引現在価値の計算対象が事業キャッシュフロー，という前提で説明してきたが，図表4-25に示すように株主に帰属するキャッシュフローを割り引いて，株主価値を直接的に算出することも可能である。特にDCF法のなかでも前者を「エンティティ法」，後者を「エクイティ法」という。

■図表4-25　エンティティ法とエクイティ法

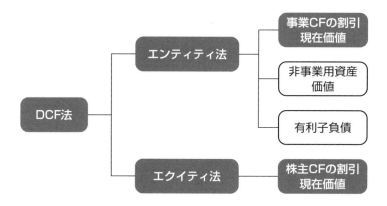

ただし，事業キャッシュフローを把握するほうが，株主持分に帰属するキャッシュフローを直接把握するよりも，財務活動との区別ができ理解しやすいこと，また事業計画からの企業価値算出など，事業計画との親和性が高いことにより，一般にエンティティ法が用いられている。

エンティティ法によるDCF法が，企業価値を求めてから有利子負債価値を差し引いて株主価値を求める方法であるのに対して，エクイティ法によるDCF法は，株主に帰属する将来キャッシュフローを見積もっ

て，割引現在価値計算によって株主価値を直接求める方法である。

エクイティ法はエンティティ法に比べ，負債のキャッシュフローを加味して評価対象のキャッシュフローを算定しなければならない点で，キャッシュフローの見積りが複雑になりやすい。

（1） エクイティ法とエンティティ法の計算結果の違いは割引率

付属資料に「エクイティ法とエンティティ法の計算の同値性とその条件」について例示しているが，理論的には，ある一定の条件のもとでは，両者の計算結果は同じになる。その条件は以下の通りである。

①常に毎期の有利子負債と株主価値の比率が一定の場合
②有利子負債と株主価値の比率が異なるが，毎期加重平均資本コストを計算して，毎期の割引率を計算し，エンティティ法の割引現在価値計算に，毎期の割引率を適用

①のように，負債と株主価値の比率が一定であれば，両者の計算結果は必ず一致する。そうでない場合にも，②のようにエンティティ法のWACCの定義を精緻にした場合（すなわち毎期再計算したWACCを適用する）には，両者の結果は等しくなる。したがって，両者の結果が異なる場合，割引率の適用の前提条件が異なるために過ぎない。

エンティティ法では，資本構成が異なろうとも長期的にWACCは一定，という簡便化された前提で計算されているため，エクイティ法とエンティティ法の計算結果が異なるのである。

よって，価値評価においてエクイティ法とエンティティ法の金額の差は，単に資本コストの前提を，毎期の構成に基づく資本コストで計算するか，もしくは，長期的に一定の資本コストで計算するかのみの違いで

ある。もともと，資本コストは大まかな推計値であることからも，その結果自体を比較することは無意味である。

なぜなら，計算の仮定は本来，評価対象の企業の実態によって異なるものであって，採択した計算方法によって，価値評価の結果が変わるものではないからである。

(2) インカムアプローチの各種方法の選択の意義

ここでは詳しくは論じないが，エクイティ法・エンティティ法の例と同じく，DCF法と4章Ⅱ.3で説明した残余利益法（RIM法），配当還元法（DDM法）といった他のインカムアプローチと呼ばれる評価方法は理論的にDCF法と同じ評価結果になるはずである。

もし大きく評価結果が異なるのであれば，それは評価方法を採択したときに用いる前提条件・仮定が異なっているためであって，取り得る評価アプローチそのものの問題ではない。

Ⅳ. DCF法の実務上の問題点と限界

DCF法の理論上の価値を，実務的に近似して算定する過程で，上記にも触れた問題が生じる。DCF法の計算そのものは，以下の2つの計算要素の仮定によって，限界を示している。

1．DCF法の問題
(1) 割引率の選択及び推定の問題

算定する割引率では，無リスク金利の期間構造（10年物と20年物とでは利率が異なり，通常20年物のほうが10年物よりもレートは高いという

金利の性質）を取り扱っていない。長期の事業キャッシュフローを扱うので，長期的な資本コストとして一定の前提を置いている。

　資本コストもポートフォリオ投資を前提として評価するため，個別の期待利回りではなく，十分に分散された投資利回りを前提にしている。その市場のなかには，対象となる事業固有のリスクが，価値計算の要素には直接的に含まれておらず，また割引率に反映されているわけでもない。

(2) 事業キャッシュフローの推計の問題（平均値が1つであること）

　単一のキャッシュフローの「期待値」を用いた評価となっている。しかし，このキャッシュフローが「期待値」であることを確かめる決定的な基準はなく，実績からの延長で，概観的に把握することでしかできない。ただし，その助けとなるのが，第Ⅰ部第1章で示したキャッシュフローの検証である。

2．DCF法の特性と限界

　以上のように株主資本コスト・負債コストは，ファイナンス理論では，Ⅲ.1.（3）の「CAPM」に見るように，完全資本市場を前提とした精緻な仮定と枠組みのもとに算定されるフォーミュラ（方式）を提供している。しかし，実務上は，そのような理論に基づいた前提・仮定のもとで，資本コストの計算はざっくりとしたものにならざるを得ない。

　むしろ，価値の影響度から見て，特に検証が必要なのは，第Ⅰ部第2章で示した「将来キャッシュフローの検証・推定」である。

　本来，事業固有のリスク評価はDCF法の枠組みのなかでは提供されていない。当該事業リスクは，β値を通して株式市場の観測値により求められるものとされている。だが，それは将来のリスクではなく，過去

の株価の変動率（ボラティリティ）から観測されたリスク（β値）を将来のリスクと同等であるとみなし，株主資本コストを通じて「WACC」である割引率で計算されている。

　このような仮定に基づいた割引率そのものの検証には，限界がある以上，価値に影響を及ぼす要素として，将来キャッシュフローの検証のほうが，より重要性があるといえるであろう。

第5章

将来会計のリスク分析と評価

Ⅰ. 将来会計の扱う不確実性

1．将来キャッシュフローの変動と割引率

DCF法では，将来の「期待」キャッシュフローにリスクプレミアムを加味した割引率を適用して，企業価値を算出する。第Ⅰ部第1章で述べたように，予測財務諸表として表現される将来会計数値が「期待値」を示していることの検証が必要になる。

理論的には，将来の「期待」キャッシュフローがどの程度変動するかという不確実性は，リスクの指標である「割引率」に反映されているはずである。仮にキャッシュフローの変動リスクが大きければ，それに応じて高い割引率が適用されるべきである。その因果関係を整理したものが**図表5-1**である。事業キャッシュフロー（CF）の変動リスクが増加すれば，市場で観測される株価の変動率は大きくなり，株式全体の変動に対する感応度であるβ値が高くなり，その結果，割引率が増加するものとされる。

■図表5-1　事業CFの変動リスクと割引率との関係

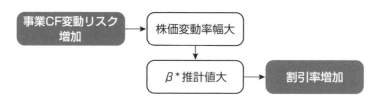

β^*：市場平均株価変動に対する感応度。

反対に，事業キャッシュフロー（CF）の変動リスクを小さくすれば，結果として割引率も小さくなるため，企業価値が増加する。イメージとしては，**図表5-2**の通りと考えられる。

■図表5-2　事業CFの変動リスク減少と企業価値の増加

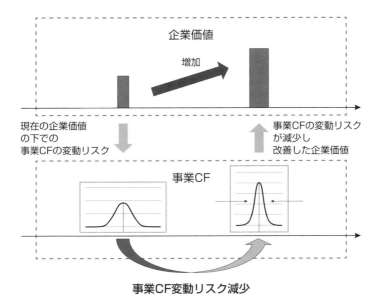

　リスクと企業価値の関係は直感的に理解できたとしても，現実には，割引率と事業キャッシュフローの変動リスクの間の因果関係を直接的に把握することは難しい。なぜならば第4章Ⅲ.1.（3）CAPM理論の項で説明した通り，割引率は評価対象会社あるいは同業他社の株価変動の市場観測値から推計された結果であり，直接，事業キャッシュフローの変動リスクを測定したものではないからである。

　そこで，割引率や株価の変動からリスクを把握するという従来のDCF法の枠組みとは異なる形で，別途，事業キャッシュフローの変動リスクを把握し，価値に対する影響を測ることが必要である。

　従来のDCF法の枠組みであれば，事業キャッシュフローの変動リスクが減少すれば割引率の減少を通してただ1つの企業価値が決定することになるが，**図表5-3**で示すのは，事業キャッシュフロー（CF）が変

動した場合に，割り引くべきキャッシュフローが変動するごとに企業価値を求める方法である。これによって，その企業価値そのもののばらつき，すなわちリスクを見ることができる。この方法は，「モンテカルロDCF法」と呼ばれている。

■図表5-3　事業CF変動リスクから企業価値の影響度を把握する方法
（モンテカルロDCF法）

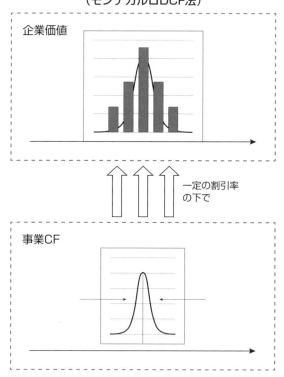

2．キャッシュフローの変動による影響を把握する3つの方法

　将来キャッシュフロー（CF）の変動が企業価値に与える影響度は図表5-4に示す3つの方法で分析できる。

■図表5-4　CF変動リスク分析方法

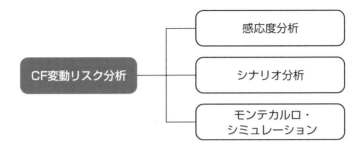

（1）　感応度分析

　事業キャッシュフローは先述の通り（第4章Ⅱ.2.（2）〈設例1〉），売上成長率・売上利益率・資産回転率といった要素（以下，バリュードライバー数値）に分解される。この個々のバリュードライバー数値の変化によるキャッシュフローの変動及び企業価値の影響と，その可能性を把握することができる。

（2）　シナリオ分析

　感応度分析は，バリュードライバー数値の変化による影響額とその可能性を把握するのにはある程度有効であるが，ある特定の1つの数値を変化させただけでは，総合的な予測の可能性を提示しているとはいえない。そのため，バリュードライバー数値の水準について，それぞれのシナリオを作成する。典型的には良いケース・通常のケース・悪いケースの3つのシナリオを想定し，それぞれのキャッシュフローの変動・企業価値の影響額及びその可能性を総合的に把握する。

（3）　モンテカルロ・シミュレーション

　（2）のシナリオ分析において，複数のシナリオ間で，どのシナリオ

が生起する確率が高いのか,想定した悪いケースがどの程度の確率で生じるのかについてはわからない。また,想定するシナリオの可能性について,発信者と受け手とで考え方が異なるケースも出てくる。そこで,さまざまな変動の可能性のある複数の事象を一度に変動させることによって,企業価値の変動結果がリスク分析に有益な情報を与えてくれる。具体的には,バリュードライバー数値ごとに個々の確率分布を仮定し,仮定した確率分布に従って,各バリュードライバー数値にそれぞれ何万通りかの乱数を発生させてシミュレーションする。その結果,企業価値がどの程度変動するかを,確率分布として把握するものである。このようなシミュレーションを,「モンテカルロ・シミュレーション」という。

3．変動リスクの把握

モンテカルロ・シミュレーションは,起こり得る複数の事象(例えば売上成長率,売上利益率)について,ある確率分布に従うと仮定し,乱数発生させ,結果を確率分布の形で算出するものである。

何万通りものシミュレーションを行い,その出力された結果の分布から,変動(リスク)を可視化することが可能となる。例えば,株主価値の分布と想定の買収価額とを比較して,買収価額以下となる価値の確率を数値化することにより,ディール(取引すること)の困難度を把握して的確なM&Aの判断を行うことができる。

図表5-5は,モンテカルロ・シミュレーションによる株主価値の算出結果を示している。これは,ある上場会社の各財務比率の分布を過去実績の統計値より設定し(設定の方法は,過去10年の実績から,売上高成長率・営業利益率については正規分布を仮定し,資産回転率については三角分布を仮定してシミュレーションした結果である),50,000回試行した株主価値の分布である。

■図表5-5　株主価値の分布例

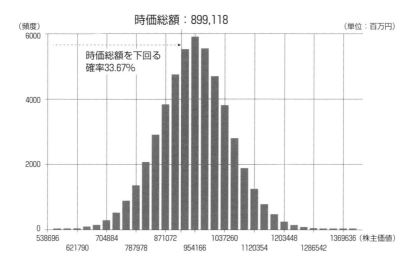

出所：財務分析システムLaplace（ZECOOパートナーズ）を使用して筆者作成。

　この結果によれば，時価総額899,118百万円に対して，予測財務諸表数値から計算された株主価値の期待値が955,366百万円であった。想定する予測数値からすれば，時価総額は若干低い。さらに株主価値の分布から，分布で示した株主価値が時価総額以下の確率となるのは33.67％であり，変動リスクを考慮しても，株式の時価総額は，若干割安である。

　このように，予測財務数値の不確実性を確率分布によって表現することによって，上記のような変動リスクを評価することができ，意思決定の合理的な説明も確率に基づき計数的に行うことができる。

II. モンテカルロ・シミュレーション事例による考え方

事業計画の検証に用いられたモンテカルロ・シミュレーション事例を紹介する。

事例では，当該事業継続の可否を検討する前段階として，2017年度の事業計画そのものの脆弱性を判断するために，モンテカルロシミュレーションによる分析を行った。以下その内容である。

〈事例：モンテカルロ・シミュレーションによる事業計画の検証〉

2016年度損益計画では，A社への売上増加を見込んでおり，当初はEBITDA500百万円の利益を見込んだ計画となっていた。事業計画上の各要素の変動の可能性をヒアリングし，当該事項を反映したモンテカルロ・シミュレーションを実施してみたところ，結果はEBITDA500百万円どころか，マイナスになる可能性もあり，結果，95％信頼区間における最大損失額は－5百万円と試算された（**図表5-6**）。

また，**図表5-7**の感応度グラフからは，上記の変動はB社向け売上による影響が最も大きいことが判明した。この感応度グラフは，モンテカルロ・シミュレーションによる予測結果と仮定の関係を表しており，各々の仮定が変動した時に予測結果がどれだけ変動するかの影響度合いを大きい順に並べている。これにより，上記のEBITDA変動の結果と最も関係のある要因を明らかにしてくれる。この場合，A社の売上増加を見込んだ事業計画であったが，そもそも取引先B社に集中している事業であること，そして実際には想定する年当たりのB社取引高の変動が大きいことが，この事業の利益に大きく影響を及ぼしていた。

そこで，B社の取引高を安定化することで損失を回避する施策を取る

■figure 5-6　事例：モンテカルロ・シミュレーションによる検証

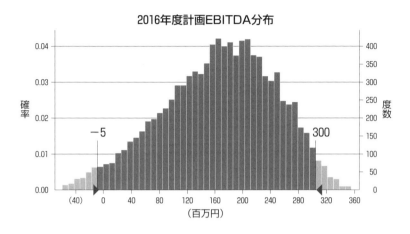

■figure 5-7　事例：モンテカルロ・シミュレーションによる感応度グラフ

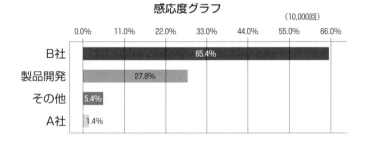

ことが検討された。

　このようにモンテカルロ・シミュレーションでは，当初の事業計画のEBITDA「500百万円」が，見直しにより「200百万円」に引き下げられたという「期待値」の情報の提供に加え，利益のばらつきがかなり大きいという「リスク」情報が提供された。「リスク」情報では，最大損

155

失-5百万円という情報を提供してくれるだけでなく，下記の**図表5-8**にあるように，想定される各要因の変動と利益の変動の関係を分析することによって，今後のリスク低減に向けた施策を示唆してくれる。

■図表5-8　各要因の変動とEBITDA変動の関係

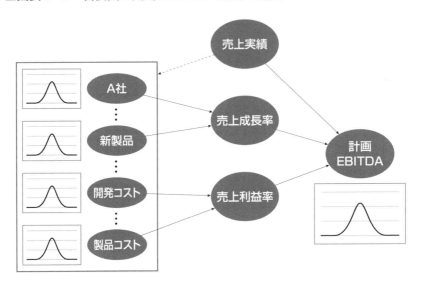

1．将来会計の評価としての不確実性の表現

　将来のことはわからないが，どの程度不確実であるかということを，先の事例に示すように，モンテカルロ・シミュレーションによって計量化することができる。

　上場企業の情報開示においても，「将来のことははっきりとはわからない」という事実は動かないまでも，さまざまな場面において会計上の見積り・評価が求められるようになってきている。

　予想利益や株主価値などの将来会計の表現として，どの程度不確実なのかを表現する場合に**図表5-9**にあるように「期待値」と「ばらつき」

といった確率分布で示すことが，リスクの定量化へとつながる。リスクの定量化は後述する各要因の確率分布の設定から始まり，その結果，シミュレーションによって結果を「期待値」と「ばらつき」として表すことにより，予想利益や企業価値などのリスクを測ることができるのである。

■図表5-9　将来会計の不確実性の表現（イメージ）

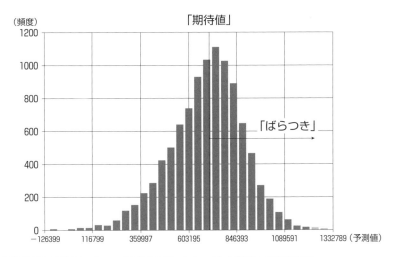

出所：財務分析システムLaplace（ZECOOパートナーズ）を使用して筆者作成。

2．確率と確信度は異なる

　状況が同じであれば，その生起確率も同じである状況が，通常用いられる確率（客観確率）である（例えば，サイコロの1の目の出る確率は1／6と変わらない）。一方で，状況は同じでも入手する情報の質によって，確信できる程度が変わってくるものが，「主観確率」といわれる。

　当初は，雨か晴れかわからないが，天気予報を見て雨が降ることを知る（雨が降る確率が高い）といったように，入手する情報によって，そ

の確率自体が変化するものである。

将来会計において，取り扱うデータは前者のように客観的な確率ばかりではない。情報を新たに入手することによって確率が変わるようなものも，客観確率と同様に確率で表現することができる。

会計の見積り・評価など将来会計は，主としてこの種の確率で捉えている。この場合は，特に，確率と区別して確信度と呼ぶ場合もある（**図表5-10**）。

■図表5-10　将来会計の確率の特質

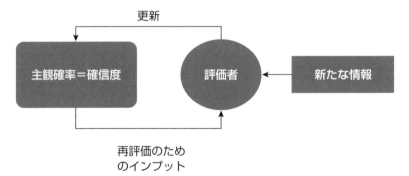

3．入力としての確率分布

リスクの測定は，各要因の不確実性の表現，すなわち各要因の確率分布の設定から始まる。**図表5-11**に示すように確率分布とは，全体の合計が1でそのうちある事象が起こる割合を表したものである。

■図表5-11　確率分布は全体の合計が1

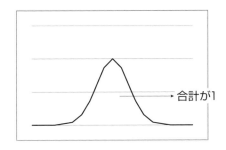

　確率分布とは，ランダムな事象を数学的に表現したものである。数学のロジックを把握するというよりも，どのような分布が，どのような時に，どのような意味を持って用いられるのかを理解することが重要である。
　確率分布の種類は多くあり，すべてを網羅して理解することは難しい。ここでは，どの分布を当てはめるかについて，確率分布の意味だけでも知っておく必要がある。最低限の意味を理解し，確率分布の要素（パラメータという）を設定できれば，あとはコンピュータが計算してくれる。
　ここで，以下の6つの確率分布を簡単に紹介する。
　　・ベルヌーイ分布
　　・一様分布
　　・二項分布
　　・正規分布
　　・三角分布
　　・対数正規分布

(1) ベルヌーイ分布と一様分布
　確率分布の基本は，ベルヌーイ分布と呼ばれている。ベルヌーイ分布とは，一度の事象において生じる確率がX％と，生じない確率が1－X

％という**図表5-12**に示す原始的な分布である。上記の確率分布の通り合計して1になる。降水確率が40％であれば雨の降らない確率が60％であり，これをベルヌーイ分布という。

■図表5-12　ベルヌーイ分布（例：降水確率）

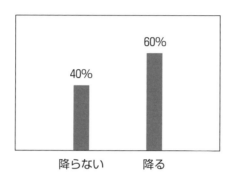

仮に40％という情報がない場合には，現時点においてどちらが起こるかがわからない状況にある。それは，50％の一様分布で示される（**図表5-13**）。もし，何らかの方法により，その確率に関する情報を入手することができれば，上記のベルヌーイ分布で記述することになる（**図表5-14**）。

■図表5-13　一様分布（例：降水確率）

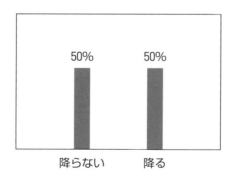

■図表5-14　ベルヌーイ分布と一様分布の関係

どちらも等しいとする

（2）　二項分布と正規分布

　ベルヌーイ分布において，X＝60％と仮定した事象を10回試行するのを1セットとした時に，1セット当たり6回生じる（0.6／回）確率が一番高くなる。10回施行したときX回生じる確率を記述したものが二項分布である。

　試行回数を増やしていったとき，X／回生じる確率は，**図表5-15**のように正規分布に近づくことが知られている。このようにベルヌーイ分布にある事象を繰り返し試行したときに平均値0.6の正規分布に収束する関係にある。すなわち試行回数を増やすことによって，ベルヌーイ分布から二項分布そして正規分布に近づくという関係がある。

■図表5-15　二項分布・正規分布の関係

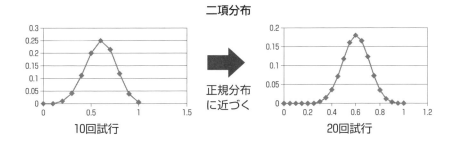

(3) 正規分布と三角分布

正規分布を直感的に表現したのが三角分布である。確信度の度合いを表現するのであれば、三角分布のほうが理解しやすいかもしれない。

正規分布では、平均値とばらつきの程度（標準偏差）がわかれば分布が描けるが、実際には、ばらつきの程度を直感的に理解することは難しい。過去の統計データが入手可能で、将来においても反復的に繰り返す事象であれば、過去の統計値から正規分布を設定することは有用である。しかし、標準偏差を計算して表現するよりも、最低値、最頻値、最大値で表現したほうが直感的に理解しやすいのであれば、三角分布を設定することも有用である。三角分布は正規分布を簡便的に表現する方法であるともいえる（**図表5-16**）。

■**図表5-16　正規分布と三角分布の関係**

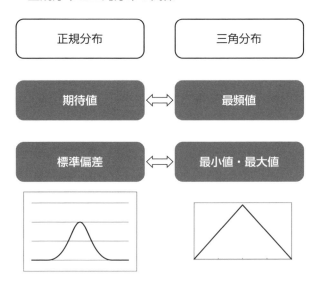

(4) 対数正規分布と正規分布

売上成長率が正規分布（ランダム）で推移するとしたときに，売上高は対数正規分布となる（**図表5-17**）。すなわち，増加割合が正規分布を表す。対数正規分布は，平均値が高く，平均値を上回る可能性が低い分布となる。対数正規分布の例には他に，株価の期待利回りを正規分布と仮定した場合の株価の分布がある。

■図表5-17　正規分布と対数正規分布の関係

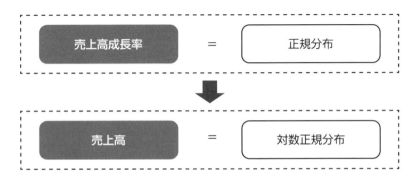

なお，主要な分布である「一様分布」，「三角分布」，「ベルヌーイ分布」，「正規分布」「対数正規分布」の個々の説明については，付属資料に取り上げておく。

4．相関の評価

確率分布を設定する要素間の関係性を，相関係数で表現することもできる。相関係数が1に近いほど，当該要素が増加すれば，相関係数の相手の要素も増加する傾向にある。相関係数が0であれば，双方の関係は独立の関係にある。相関係数が−1に近づけば，当該要素が増加するほど，相手の要素は減少する傾向にあるといえる。**図表5-18**は，例として，

三井不動産の過去10年の財務比率（売上成長率・NOPAT利益率・資産回転率）の相関を示したものである。

■図表5-18　財務比率の相関係数

各指標間の相関係数		売上成長率	NOPAT利益率
三井不動産	売上成長率		
	NOPAT利益率	47%	
	正味事業資産回転率	20%	−39.6%

　一般に，売上成長率とNOPAT利益率の間に正の相関が強い場合（相関係数が1に近づく）は，コスト構造の固定費の割合が高く，売上成長率が高いと，固定費用のレバレッジによって利益率も高くなる傾向にある。

　一方，NOPAT利益率と資産回転率の相関係数においては，利益が増加するとそれに伴い資産も増加する場合には，負の相関が強くなる傾向がある。

　モンテカルロ・シミュレーションを行う際に，そのまま機械的に相関係数を当てはめるのではなく，相関係数の原因を分析し，将来も同様の相関が起こり得るか分析した上で，各パラメータ間の関係性を相関係数に基づいたシミュレーションで表現することが望ましい。

Ⅲ. モンテカルロ・シミュレーションによるリスク評価

1. リスク極小化行動の評価

　会社の利益極大化行動の成果は数値で把握しやすいのに比べて，リスクの極小化行動（「ばらつき」の減少）は数値の「見える化」が難しい。

　しかし，先の企業価値と割引率の関係からもわかる通り，リスクの低減は企業価値向上の重要な手段の1つである。しかも，現代の成熟化した事業環境において思い通りの成長を描くには，より将来の変動性（ばらつき）を減少させることが，企業の重要な課題となる。

　Ⅰ.3.で述べたように，各要素に確率分布と確率分布のパラメータを設定し，モンテカルロ・シミュレーションを行うことによって，リスクを定量化することが可能となり，取り得る施策によるリスク低減の効果を評価することができる。

2. 固定費の変動費化の例

　リスクを低減する際の施策として，固定費の変動費化が挙げられる。固定費を削減し，それを変動費に転化することにより，売上高の変動による利益変動を小さくする。例えば，固定費型の契約から，売上変動型の契約条件に変更した場合である。具体的なリスク評価の数値例を次に示す。

〈固定費の変動費化による数値例〉

　売上高＝1,200，営業費用1,000，NOPAT＝200をベースケースとする。
　もし，営業費用のうち固定費割合を0％，50％，100％とした場合に，売上が700から1,500の範囲内において，固定費割合の変化に応じて

NOPAT利益率がどのように変動するかを，図表5-19に示している。

■図表5-19　固定費の変動費化による利益率の変動リスクの極小化

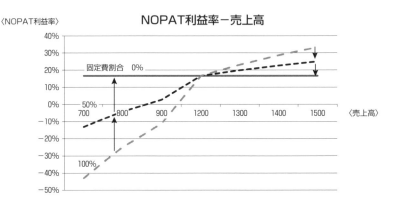

このように，図表5-19からも，固定費の割合が大きいほど利益率の変動は大きく，特に，売上高が大きく減少した場合の影響が大きいことがわかる。このことから，リスク極小化が価値を向上させるのであれば，固定費を変動費化することによる企業価値の向上が図られているといえる。

それは，「期待値」のみではなく「変動リスク」についても注意すべきであることを示している。

IV. 将来会計「測る」のまとめ

以下，企業価値計算と評価について，注意すべき点を挙げる。
・企業価値は，「期待キャッシュフロー」の割引現在価値である。本来，「期待キャッシュフロー」は，キャッシュフローの「期待値」である

ことを念頭におく。
- 継続価値においては，予測期間の予測財務諸表とそれ以降の予測財務諸表の連続性に注意すべきである。
- 計算された割引率が，国債レートなど他のレートと矛盾したものでないか確かめることが必要である。正確な割引率というものはない。割引率は範囲のなかで検討すべきである。
- 将来会計数値の「確信度」を仮定することは，「確率分布を設定すること」と同義である。フリーキャッシュフロー・利益・価値の「ばらつき」は，各要素の確率分布をもとにモンテカルロ・シミュレーションによって測る。その結果は，2つの軸である「期待値」と「ばらつき」で評価する。
- モンテカルロ・シミュレーションを適用することで，リスクを計測化でき，かつリスク低減のための施策の検討材料を提供することができる。

付 属 資 料

【オリンパスの不正会計事件における買収企業の価値の過大評価】

　オリンパスの不正会計事件では，過去の有価証券投資等にかかる損失の先送りを行い，それを解消する手段として，国内3社及びジャイラスの買収案件が利用された。具体的には，オリンパスが自ら組成したファンド等に損失の発生した資産等を売却し，その後，その損失処理に必要な資金を企業買収にかかる名目で提供する方法が取られた。国内3社に関しては，ファンドが所有するこれらの株式を実際よりも著しく高い価格で買収することにより，ファンドに資金提供する方法が取られた。また，ジャイラスでは，買収を仲介した第三者に著しく高額な手数料を支払うことにより，資金を還流させる方法が取られた。いずれの場合においても，オリンパスには「のれん」が計上されており，その後，償却・減損処理を行うことにより多額の損失が発生している。

　オリンパスが上述の国内3社の株式をファンドから買い取るに際しては，第三者機関として，公認会計士事務所に株主価値の算定が依頼され，この際3社の事業計画が同社から提出されている。問題となるのは，この事業計画が実態から著しく乖離したものであるにもかかわらず，評価人はこの計画をそのまま利用，あるいは類似企業（本当に類似といえるかどうか不明であるが）の業績を参考にしてよりアップサイドに修正した計画を利用したことである。その結果，株主価値は実態よりも著しく高い金額として算定され，損失解消の手段に利用される結果となった（もちろん，それを意図した計画であった）。

【オーベンによる第三者の企業価値評価結果を悪用して既存株主に損害を与えたM&A】

　オーベン事件とは，上場会社であったオーベンが，2004年から数年にわたってほとんど価値のない未上場会社十数社を，著しく高い価額で，株式交換によって買収した事件である。

　株式交換スキームのもとでは，未上場会社の株主には上場株式が対価として支払われ，オーベン自身は現金を必要とせず，株券の発行のみで買収できることになる。

　一方，未上場会社の株主は，買収対価に相当するオーベンの上場株式を手に入れることができ，その株式を市場で売却すれば資金を手に入れることができる。このように未上場会社のオーナーへの資金還流を目的として行われたM&Aにより，オーベン自身の本来の企業価値は著しく毀損し，その分の損失を結局，オーベンの既存株主が被った。

　この著しく高額な買収対価の正当性を担保するためにオーベンは，第三者からの価値評価書を入手した。第三者の行った価値評価は，買収対価に合致するような会社側作成の事業計画をそのまま用い，DCF法で評価をしたものであった。

【残余利益法とDCF法の計算の同値性】

　残余利益法とDCF法の計算構造は以下の式の展開通り，まったく同じ計算構造であることがわかる。

DCF法

$$\sum_{i=1}^{\infty} \frac{NOPAT_i - (BV_i - BV_{i-1})}{(1+WACC)^i}$$

$$= \sum_{i=1}^{\infty} \frac{NOPAT}{(1+WACC)^i} + \sum_{i=1}^{\infty} \frac{(BV_{i-1} - BV_i)}{(1+WACC)^i}$$

$$\sum_{i=1}^{\infty} \frac{(BV_{i-1} - BV_i)}{(1+WACC)^i} = \frac{BV_0}{(1+WACC)} + \frac{BV_1}{(1+WACC)^2}(-(1+WACC)+1) + \frac{BV_2}{(1+WACC)^3}(-(1+WACC)+1)\cdots$$

$$= \frac{BV_0}{(1+WACC)} - \frac{WACC \times BV_1}{(1+WACC)^2} - \frac{WACC \times BV_2}{(1+WACC)^3} + \cdots + \frac{WACC \times BV_{n-1}}{(1+WACC)^n} + \cdots$$

$$= BV_0 - \frac{BV_0 \times WACC}{(1+WACC)} - \frac{BV_1 \times WACC}{(1+WACC)^2} - \cdots$$

$$= BV_0 - \sum_{i=1}^{\infty} \frac{BV_{i-1} \times WACC}{(1+WACC)^i}$$

$$= \sum_{i=1}^{\infty} \frac{NOPAT_i}{(1+WACC)^i} + BV_0 - \sum_{i=1}^{\infty} \frac{WACC \times BV_{i-1}}{(1+WACC)^i} = \boxed{\sum_{i=1}^{\infty} \frac{NOPAT_i - BV_{i-1} \times WACC}{(1+WACC)^i} + BV_0}$$

【エクイティ法とエンティティ法による計算の同値性とその条件】

　WACCが毎期一定ではなく，毎期の負債増減に伴い，そのつど理論上の資本構成比率に基づいて，循環法により再計算されたWACCで求めたエンティティ法による株主価値は，エクイティ法による株主価値と等しくなる。したがってエクイティ法とエンティティ法の結果の差異は，WACCが毎期一定のもとで価値計算することで生じた結果による差異であり，本来，双方の価値は変わらないはずである。

前提条件

株主資本コスト	10%
負債コスト	3%
法人税率	40%

FCFとエクイティCF

t	0	1	2	3	4	5	6	7	8	9	10	11
FCF		100	100	100	100	100	100	100	100	100	100	100
支払利息		3	2.7	2.4	2.1	1.8	1.5	1.2	3	3	3	3
負債減少（−）		−10	−10	−10	−10	−10	−10	60	0	0	0	0
法人税節約額		1.2	1.08	0.96	0.84	0.72	0.6	0.48	1.2	1.2	1.2	1.2
エクイティCF		88.2	88.38	88.56	88.74	88.92	89.1	159.28	98.2	98.2	98.2	98.2
負債価値（D）	100	90	80	70	60	50	40	100	100	100	100	100

（負債増減）

エクイティ法による

株主価値（t時点末）	972	980	990	1,001	1,012	1,024	1,038	982	982	982	982	982
負債資本価値合計	1,072	1,070	1,070	1,071	1,072	1,074	1,078	1,082	1,082	1,082	1,082	1,082
資本構成比率		90.7%	91.6%	92.5%	93.5%	94.4%	95.3%	96.3%	90.8%	90.8%	90.8%	90.8%
WACC		9.2%	9.3%	9.4%	9.5%	9.5%	9.6%	9.7%	9.2%	9.2%	9.2%	9.2%
株主資本コスト		10%	10%	10%	10%	10%	10%	10%	10%	10%	10%	10%
FCF（現在価値）		92	84	77	70	64	58	53	49	44	41	441
エクイティCF（現在価値）		80	73	67	61	55	50	82	46	42	38	379

（負債増減に伴う毎期のWACC算出）

エンティティ法による

企業価値合計	1,072
負債	100
株主価値	972

【確率分布の意味と種類】

■「一様分布」

一様分布

「売上高利益率が20％から30％の水準の範囲であるが，どの程度であるかはわからない」といった場合の分布は，一様分布が該当する。この場合，20％から30％の範囲は確かであろうが，それ以外の情報（得意先の予算など）がまったくわからない場合，一様に分布するという前提をおく。雨が降るか降らないかまったくわからない場合は両者50％から出発し，情報が得られた時点で，その情報を反映した確率分布に変更する。

上記の一様分布のケースは連続量で示されているが，p.160の**図表5-13**の一様分布のように離散で示す場合もある。離散量の一様分布は，結果として，ベルヌーイ分布の特殊形ともいえる。

■「三角分布」

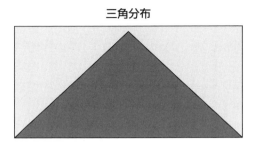

三角分布

「粗利率30％はほぼ達成可能だが，高くてもせいぜい35％。低ければ25％ほどに抑えられる」といった場合は，三角分布のような分布を示す。これは，一様分布の和・差の組合せの分布であるが，直感的に頻度が高そうなレベル，上限値・下限値を設定すれば三角分布が特定できる。

■「ベルヌーイ分布」

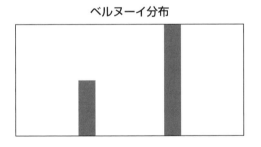

ベルヌーイ分布

「起こる可能性が10％で，起こらない可能性が90％である」といったような場合はベルヌーイ分布で表せる。例えば訴訟案件による支払予定額がオフバランス事項（資産・負債であっても貸借対照表には計上されないこと）として発見された場合に，その支払いが施行する確率をもとにシミュレーションすれば，確信度を反映した評価が可能となる。

■「ポアソン分布」

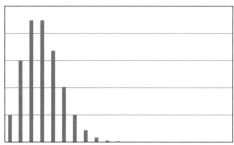

　本書には登場しないが，「1年の間に平均5件は獲得できる」といった場合は，ポアソン分布を想定する。

　ポアソン分布は，連続時間のなかで環境が変わらない状況を前提として，瞬間，瞬間において，同じ確率で発生するとした場合の分布である。例えば，1回の試行で10％生じる事象があれば，10回の試行で平均1回起こると考えるのは「二項分布」である。

　この試行回数の代わりに時間を軸とした場合は，ポアソン分布が適用できる。

　例えば，顧客を月に平均5件獲得できるような状況であれば，その月に平均5件とする件数の発生確率には，ポアソン分布を用いる。

■「正規分布」

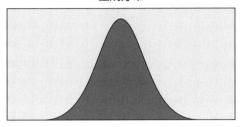

正規分布

　事業計画の場合，環境の同一性という状況がないために，長期間の平均値をそのまま使用する前提の大数の法則が成り立たないケースが往々にしてある。母数が大きい場合であれば，「正規分布」を近似的に使用することも考えられる。

　特に統計数値が得られる場合には，期待値と分散を母数として設定すれば，正規分布による評価が可能となる。このように，母集団のデータとパラメータの推計の容易さから頻繁に用いられている。

■「対数正規分布」

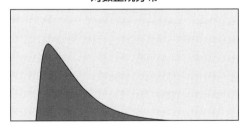

対数正規分布

　金融商品であるオプション価値を表すブラック＝ショールズ式にも用いられている。その式では，オプションを行使するときの株価の確率分

布の仮定となっている。

　株価が上下にランダムに変動する（株価が上がったり下がったりする）過程は対数正規分布が用いられる。株価の利回り（株価変動率）がランダムに変動するという仮定であれば，利回りが正規分布に従う結果，分母の株価が対数正規分布に従う。同様に，売上成長率が期待値を中心にして上下にランダムに変動する場合は，売上高そのものが対数正規分布に従う。

将来会計を読み解くための参考文献

【和文献】

アルザック，E.R.著，齋藤進監訳，菅原周一・桂眞一・上木原さおり訳［2008］『合併・買収・再編の企業評価』中央経済社。

井尻雄士［1990］『「利速会計」入門：企業成長への新業績評価システム』日本経済新聞社。

一ノ宮士郎［2008］『QOE「利益の質」分析』中央経済社。

岩沢宏和［2010］『リスク・セオリーの基礎：不確実性に対処するための数理』培風館。

岩沢宏和［2012］『リスクを知るための確率・統計入門』東京図書。

岩田悦之［2010］「第12章 企業価値評価の新展開」片岡洋一編著『経営戦略の新展開』冨山房インターナショナル。

岩田悦之［2012］「第2章 アーンアウト方式事例にみる価値評価の問題点と課題」片岡洋一編著『会計学と経営学のための事例研究アプローチ』冨山房インターナショナル。

エリックA. ヘルファート著，岸本光永監訳，出口亨・阿部俊彦・小滝日出彦訳［2003］『企業分析』(第2版) 中央経済社。

大日方隆［2013］『利益率の持続性と平均回帰』中央経済社。

経済産業公報／経済産業調査会編［2014］「伊藤レポート「持続的成長への競争力とインセンティブ：企業と投資家の望ましい関係構築」プロジェクト「最終報告書」を公表します」『経済産業公報』pp.4-6。

竹原相光［2007］「企業価値評価ガイドラインについて」『週刊経営財務』No.2843。

竹原相光・岩田悦之［2017］「買収の失敗原因から探る のれん減損の本質」『企業会計』Vol.69（7）。

デビッド・ヴォース著，長谷川専・堤盛人訳［2003］『入門リスク分析：基礎から実践』勁草書房。

東京大学教養学部統計学教室編［1991］『統計学入門』東京大学出版会。

日本公認会計士協会編［2007］『企業価値評価ガイドライン』清文社。

日本公認会計士協会編［2013］『企業価値評価ガイドライン』日本公認会計士協会出版局。

パレプ，K.G.・P.M.ヒーリー・V.L.バーナード著，斎藤静樹監訳，筒井知彦ほか訳［2001］『企業分析入門 第2版』東京大学出版会。

本多俊毅編著［2005］『企業価値評価と意思決定：バリュエーションからリアルオプションまで』東洋経済新報社。

マッキンゼー・アンド・カンパニー，ティム・コラー，マーク・フーカート，デイビッド・ウェッセルズ著,本田桂子監訳［2006］『企業価値評価：バリュエーション：価値創造の理論と実践 上・下』（第2版）ダイヤモンド社。

松原望［2003］『入門確率過程』東京図書。

ラッセル・ランドホルム，リチャード・スローン著，深井忠・高橋美穂子・山田純平訳［2015］『企業価値評価：eValによる財務分析と評価』マグロウヒル・エデュケーション。

【欧文献】

Dechow, P., W. Ge and C. Schrand [2010] Understandings earnings quality: A review of the proxies, their determinants and their consequences, *Journal of Accounting and Economics*, 50 : 344-401.

Fama, E.F. and K.R. French [1993] Common risk factors in the returns on stocks and bonds, *Journal of Financial Economics*, 33（1）: 3-56.

Fama, E.F. and K.R. French [2000] Forecasting Profitability and Earnings, *Journal of Business*, 73（2）: 161-175.

Lundholm, R. J. and R. G. Sloan [2004] Equity Valuation and Analysis With Eval, McGraw Hill Text.

Healy, P., G. Serafeim, A. Srinivasan and G. Yu [2011] Market Competition, Government Efficiency, and Profitability around the World, *working paper*, Harvard Business School.

Nissim, D. and S. Penman [2001] Ratio Analysis and Equity Valuation:From Reserch to Practice, *Review of Accounting Studies*, 6 : 109-154.

Penman, S.H. [2001] Financial statement analysis and security valuation, London : McGraw-Hill.（杉本徳栄・井上達男・梶浦昭友訳［2005］『財務諸表分析と証券評価』白桃書房）。

Penman, S. and J.Zhu [2016] Accounting-based Estimates of the Cost of Capital:A Third Way（SSRN）.

Perotti, P. and A. Wagenhofer [2014] Earninngs Quality Measures and Excess Return, *Journal of Business Finance & Accounting*, 41（5-6）（June/July）: 545-571.

【執筆者紹介】

岩田　悦之（いわた　よしゆき）
　ZECOOパートナーズ株式会社代表取締役，公認会計士・税理士
　東京理科大学大学院工学研究科経営工学専攻博士前期課程修了，工学修士

　トーマツコンサルティング株式会社，中央監査法人国際部コーポレートファイナンスグループ，中央青山監査法人トランザクションサービス部（現PWCアドバイザリー合同会社）を経て，2005年よりZECOOパートナーズ株式会社にて主にM&A・投資の局面における財務コンサルティング，バリュエーション・デューディリジェンス業務に従事。
　国士舘大学非常勤講師，日本アクチュアリー会研究会員，統計検定1級，日本管理会計学会理事，日本経営分析学会会員。

〔主な著者〕
『企業再生の実務』〔共著〕金融財政事情研究会，2002年
『経営戦略の新展開』〔共著〕冨山房インターナショナル，2010年
『会計学と経営学のための事例研究アプローチ』〔共著〕冨山房インターナショナル，2012年
『企業会計』にて「予約権評価のブラックボックス問題」を連載（2017～2018年）
ほか

平井　裕久（ひらい　ひろひさ）
　神奈川大学工学部経営工学科　管理会計教室　教授
　大阪大学大学院基礎工学研究科修了，博士（工学）

　名古屋商科大学会計ファイナンス学部専任講師，高崎経済大学経済学経営学科准教授，教授，キャリア支援センター長を経て現職。
　日本管理会計学会常務理事，日本経営分析学会理事，日本会計研究学会会員，日本経営工学会会員　ほか

〔主な著者〕
『Ｓｔａｔａで計量経済学入門（第2版）』〔共著〕ミネルヴァ書房，2011年
『管理会計（会計学叢書）』〔共著〕新世社，2008年
「併用方式による企業価値評価―加重平均におけるウェイトの問題に焦点を当てて―」『原価計算研究』（日本原価計算研究学会），34(2)，2010年
「販売費および一般管理費のコスト・ビヘイビア」『管理会計学』（日本管理会計学会），14(2)，2006年
ほか

【編者紹介】
ZECOOパートナーズ株式会社（ゼクーパートナーズ）

2005年設立。公認会計士を中心とした独立系のコンサルティング事務所として，財務・会計・税務の知識をベースにしたM&Aアドバイザリー業務，企業評価，デューデリジェンス，再生支援など，M&Aを中心とした幅広いサービスを提供するとともに，財務諸表の入力で財務分析と将来予測を可能にする財務分析システム「Laplace®」を開発。

平成29年11月15日　初版発行		略称：将来会計

「見積る」「測る」将来会計の実務

編　者	ZECOOパートナーズ㈱
著　者	岩　田　悦　之
	平　井　裕　久
発行者	中　島　治　久

発行所　同文舘出版株式会社
東京都千代田区神田神保町1-41　〒101-0051
営業（03）3294-1801　編集（03）3294-1803
振替 00100-8-42935　http://www.dobunkan.co.jp

Printed in Japan 2017

製版　一企画
印刷・製本　三美印刷

ISBN978-4-495-20611-6

JCOPY〈出版者著作権管理機構　委託出版物〉
本書の無断複製は著作権法上での例外を除き禁じられています。複製される場合は，そのつど事前に，出版者著作権管理機構（電話 03-3513-6969，FAX 03-3513-6979，e-mail: info@jcopy.or.jp）の許諾を得てください。